珍妮佛 著

明天會更好

珍妮佛心靈諮詢個案分享（一）
占星・塔羅・*Aura-Soma*

以真實心靈諮詢個案分享及心靈成長思維幫助你跳開迷惑、開發潛能、創造自己，活出明天會更好的圓滿生命。

王中和推薦序

　　以前不知道珍妮佛小姐愛寫作，看她學了星象之後，居然發起電子報來，而且一篇篇心得分享，如泉湧不絕，又覺得她的文字很有魅力，引人入勝，會想看下一篇，而且迫不及待地想看，看了後很有心靈交流之感受，以我多年文字工作之嗅覺，知道未來又多一位作家，而且是心靈成長與神秘學方面之作家，現在珍妮佛真的要出書了，我覺得很高興，因為也證明我那一點敏銳之嗅覺，實在正確的不得了。

　　有時候預測要有一點敏銳之嗅覺，然後再去找根據，所以學理‧經驗‧靈感三者缺一不可，現在大家都在談二零一二年之後的地球，再過六年，二零一二年就要來了，到時候地球會怎樣呢？黃金時代要來了嗎？我來看就是避免了一個世界大戰發生的危機後，地球上人才輩出，目前的能源危機，環保問題，貧富差距等等……慢慢都可以得到解決，如果避免不了二零一二年的危機，那就要發生第三次世界大戰，則現在人類文明之成果要大倒退，老實說，現在的地球不論老民族，新國家，大家都有複雜而迫切之問題，自顧不暇，貧富差距愈大，發生第三次世界大戰的可能性就愈大，要避免第三次世界大戰，就須要覺醒的人數趕快累積到一個數量，才能對全世界的正面發展扮演決定性之關鍵角色。

什麼叫覺醒的人呢？例如珍妮佛這幾年的心路歷程，就是一個覺醒之過程，現在她把這個過程紀錄下來，和大家分享，這是愛，也是生命之見證，現在珍妮佛每天快快樂樂做幫助人的事，做有興趣的事，做她有意願的事，她的生活品質很高，情緒等級上升，這就是一個覺醒的生命·未來她的生命進展將更快更大，超過她自己的預期，這就是奇蹟降臨。

像珍妮佛這樣的生命轉化，未來二零一二之後的每一年都要成千上萬地發生，有更多人喜極而泣，有更多人讚美上天，因為黃金時代來臨時的地球，每一個生命都要有覺醒之經驗，我們現在研究生命，探索真理的努力，正是為了一個覺醒的地球文明而準備·問題是，我們為什麼要等二零一二年之後才開始覺醒呢？為什麼不是現在開始。

有太多人等著看別人怎麼做，有太多人看別人的下場來調整自己的心態，有太多人準備往人多的地方擠，當然，這也沒什麼不好，只不過總要有人先分享經驗，然後會有更多人擠過來，如果這是一個有趣遊戲最重要的一部份，那麼我誠摯地推薦您來看這本書，會讓您了解生命有更大扇地門要為您打開，無論是二零一二年前後。

王中和序於指南山

Recommendation

by Douglass A. White, Ph.D.

Jennifer understands the media, and she is a dedicated light worker. Her specialty is the easy spirit in which she shares her own personal growth with her friends and clients to embolden them to join her on the path of unfolding personal awareness. Although she is an accomplished facilitator, she does not put on airs about her skills. Her students are all her good friends and clients, and her guidance is the support of a companion encouraging them to move beyond their problems with fresh expanded vision.

Her favorite tools are Astrology, Tarot, and Aura Soma. Astrology and Aura Soma are not my fields, but I observe that Jennifer uses these as pathways to expand awareness and increase appreciation of the subtle wonder of life. She is a people person and of course works through these media to help her students improve their personal relationships.

Jennifer loves the Tarot and especially likes to work with the Crowley deck. When she learned of the Egyptian deck that I have developed, she immediately arranged for me to share my deck and style of Tarot readings with her students. She joined right in as one of the group. We thoroughly studied the whole deck and then spent several days exploring deeply the origins and applications of the Tarot to practical affairs. Participants made breakthroughs in understanding how to manage their personal lives and really enjoy the amazing adventure of being here today on this planet. The gains in self-confidence, self-understanding, sharing and appreciation that they made were very moving.

I am really glad that Jennifer now is working her media magic to transform her Internet articles into a book format so that a new audience can share her explorations and her old friends, clients and students can have the best of her recent writings all gathered together in a single hard copy edition. Of course I am also grateful that she has included some material about my Ancient Egyptian Senet Tarot Oracle Deck, Tarot Game Board, Tarot Book, and the seminars I teach. (These Tarot materials were recently published in a Chinese edition by Life Potential Publications and in English by Delta Point Press and can be obtained through Life Potential, Jennifer, or by contacting me at my website: www.dpedtech.com. The Chinese edition is also available in many book stores.) My research confirms the beliefs of Levi, Crowley, Waite, Case, Zain, and many others that the Tarot not only is a key to the Qabbalah, but also goes back at least to the earliest origins of ancient Egyptian culture. As our knowledge of ancient Egypt deepens through the works of many archaeologists and scholars we can begin to discover how profound the spirit of Tarot was in those olden times. It remains as dynamic and full of insight today as it was in the days of the pharaohs. The wizards of eternity have framed within the archetypes of the Tarot the most complete wisdom of life. With this creativity they have given the world a galaxy of card and board games for general amusement, an art form for endless cultural enrichment, and a tool for spiritual awakening that is unmatched in simplicity of use and depth of potential exploration.

Working with Jennifer is always a pleasure. I look forward to continue sharing my insights with her and her ever-expanding circle of friends and clients and to cooperate in any way possible to facilitate the growth of compassion, awareness, and understanding that we so much need in today's rapidly changing world.

Douglass A. White, Ph.D.
白中道博士

白中道博士推薦序

　　珍妮佛熟諳傳媒，她也是一位事奉光的工作者。她擅長以輕鬆的方式，和她的朋友與前來諮詢的個案，分享她個人的成長歷程，並鼓舞他們和她一起步入個人覺醒的道途。雖然她是一個技巧熟練的老師，但她並不會以高姿態來擺弄她的技藝。她的學生主要來自於她的好友和諮詢個案，而她所提供給他們的指導，支持並激勵了他們，以更新、更寬廣的視野去解決自身的問題。

　　她最愛運用的工具是占星學、塔羅牌和靈性彩油。雖然占星學和靈性彩油並非屬於我的領域，不過，我卻觀察到，珍妮佛使用這些工具來擴展覺察力，並且增加對生活裡發生的微妙驚奇的賞識力。她是個喜愛人群、也廣受人們歡迎的人，她透過這些媒介所從事的工作，當然也幫助了學生，改善他們的個人關係。

　　珍妮佛熱愛塔羅牌，她尤其喜歡使用克勞力塔羅牌來進行諮詢工作。當她獲悉我已開發出古埃及神圖塔羅牌時，她立即為我安排，讓我和她的學生們分享我的塔羅牌圖和解讀風格，同時她自己也加入，成為這個團體的成員之一。我們徹底研究了整副牌，然後用許多天的時間，深度探究塔羅牌的源起，以及塔羅牌在實務上的應用。參加的學員們在理解怎樣經營他們的個人生命方面，有了突破性的進展，並能真正喜愛他們目前在地球上的驚

奇冒險。在自信、自我了解方面的收穫，以及他們所做的分享和
評價，是相當令人感動的。

　　很高興珍妮佛現在要把她運用傳媒的魔力，由網路作品的形
式，轉變為書本的形式，如此一來，就會有新的讀者群得以分享
她的探索歷程，而她的朋友、諮詢個案和學生們也能夠擁有一本
將她近來的佳作集結在一起的書。當然，我也十分感激，她將一
些與我的古埃及神圖塔羅牌、古埃及神圖塔羅占卜棋盤和塔羅牌
課程等相關的訊息，都納入她的書中。（這本書最近已由生命潛
能文化公司發行中文版，英文版由Delta Point Press印行,讀者們可
透過生命潛能文化事業有限公司、珍妮佛學苑、或經由網站www.
dpedtech.com和我聯絡購得此書。許多書店裡也有中文版的陳
列。）我的研究證實了里維、克勞力、偉特、凱西、和其他許許
多多的看法，亦即塔羅牌不單只是卡巴拉之鑰，它至少還可回溯
到古埃及文化最早的起源。由於我們對古埃及知識的加深，是透
過許多考古學家和學者的作品，因而我們才開始發現，那些古老
時期的塔羅精神是多麼的深奧。直至今日，它依然如同在法老王
時代一般，充滿動能並富含洞察力。不朽之巫已經在塔羅牌的原
型內，建構了生命最完整的智慧。藉著這種創造力，他們所給予
世界的，是一副可用來作為一般娛樂的紙牌和紙板遊戲，一種長
久的文化富饒性的藝術形式，也是一種用法簡單，卻潛藏探索深
度的靈性覺察的工具。

　　與珍妮佛的合作經驗是相當愉快的。我期待和她，以及她不
斷擴大的朋友圈和個案們，繼續分享我的觀點，也期盼任何形式

9

的合作，都可增進在現今這個快速變遷的世界裡，我們所深切需要的同情心、覺察力、與包容力的擴展。

Douglass A. White, Ph.D.

白中道博士

（感謝光的課程帶領老師祝家康譯）

珍妮佛自序

　　光的課程：「每一個因緣都是機緣，而不是一個詛咒，它們是對你所做奉獻的一個巨大回報。」珍妮佛真心相信只要是經過淨化、轉化與提升後的心靈，「明天會更好」是偉大造物主必然賜與的美好因緣，這也是珍妮佛在經歷自身中年危機轉型與參與無數諮詢當事人生命故事，深深的人生領悟。

　　生命若分成兩個篇章，前半生的珍妮佛是個會讀書的好學生、幹練於工作但卻一點也不快樂的職場女強人；後半生的珍妮佛是個在靈性知識上的快樂研習者、自在隨緣的身心靈諮詢工作者、廣為推恩身心靈課程的召集人，靈性服務工作的成就將是什麼，一切交給「明天會更好」的信念。

　　92年春天，行運天王星進駐雙魚，看不見的神以天威顯現的中年危機，把在職場上已載沉載浮於權威課題兩年多到近乎溺斃的珍妮佛逼到了死角，在職場生涯垂死的困惑中，珍妮佛求助於占星大師王中和的占星諮詢，沒想到一席話，從此開啟出生命大躍進的成長，從諮詢個案當事人到受教於王中和老師的占星啟蒙課程之半年裡，珍妮佛看到中年危機裡的轉折與生機；93年夏天，當職場上最後一根稻草出現時，珍妮佛不但沒有被那最後一根稻草壓垮，反倒輕鬆的甩開早已不合時宜的工作，自此展開自由與創新的心靈諮詢生涯，迄今仍一路精進於韓良露老師的占星進化全系列學程。

　　研習占星像塔羅牌隱士手裡提的那盞大衛之星的光，照亮了珍妮佛黑暗職場生涯的轉型道途，也照亮出潛藏在珍妮佛星圖裡的生命之光。92年秋，從不開課教授占星的韓良露老師竟也開班了！珍妮佛卯足了做學問的用功心，由初階到高階到靈修占星一路跟隨，在近200堂課程裡全修占星學；同時也在天意的命運之輪啟動時把握機緣，前後與兩位塔羅老師—納蘭真老師與白中道博士研習塔羅，並完成Aura-Soma二階授證課程訓練，取得英國總部授證的顏色諮詢師證照，在興趣的驅策與對宇宙隱藏知識的激情中，把古老的宇宙知識與占星學串聯起來，橫向整合了占星‧塔羅‧Aura-Soma身心靈諮詢服務的內涵。

　　過往的媒體工作，珍妮佛習於動口說話、傳遞訊息於公司與客戶間，93年秋天轉入心靈諮詢工作後，珍妮佛改以筆耕來對外溝通，以占星諮詢報告來解析諮詢當事人的性格原型、命運原型與流年行運，以占星思維、諮詢個案分享的電子報，獲得廣大網路讀者的青睞。迄今，珍妮佛在台灣與大陸地區魅力站http://maillist.to/cwc88的訂閱戶已近15,000人,珍妮佛學苑http://www.cwc168.idv.tw是讀者喜愛的網路心靈書房，書寫生活中真實參與的諮詢個案心得與個人占星思維，已是生活中最樂的事。

　　這本書是珍妮佛篩選發表過的電子報菁華，也是珍妮佛為滿足喜愛一書在手的既有讀者，或過往未曾結緣的讀者所準備的出版品。閱讀時，如果它觸及了你內在深層的意識、撩起你遺忘的生命事件、鮮明了你當下的處境，請別抗拒，因為那正是你內在最誠實的心靈悸動。

感謝看不見的神恩眷顧，四年來讓珍妮佛一路有造就神秘學的恩師來教導，感恩每一個在網路那端看不見卻心意相繫的電子報訂戶，以長期且忠實的訂閱行動來支持一個非作家的心靈創作；感念每一個由朋友推介前來或在網路上搜尋而來的諮詢當事人，經由你們真實人生悲歡離合、起落轉折的故事，珍妮佛才得以印證龐大占星學理、深奧塔羅牌義與奇妙的Aura-Soma顏色語言。

感謝爸媽讓我成長於年少不用愁的求學過程，一路到台大盡享椰林大道四年自由學風；感謝先生支持我在中年職場危機中的沉潛轉型，感謝兒子獨立自主的讓媽媽埋首神秘學研習。

感謝引領我進入光的課程的占星同修宇珍，感謝《珍妮佛占星班》學員們在每一堂課程裡的教學互動，感謝學員晴、嫚、筠協助校稿。感謝國立台灣藝術大學書畫藝術學系兼任講師、財團法人罕見疾病基金會「心靈繪畫班」教師王蓮曄提供創意性心靈畫作，感謝生命潛能出版提供【古埃及神圖塔羅占卜棋盤】圖片、光的課程傳遞者和作者Antoinetto Moltzan安東尼‧莫珍賜稿、Michelle老師提供《光的課程》圖片、白中道老師提供古埃及占卜畫作。

感謝來珍妮佛學苑開課，帶領探索身心靈成長課程的老師們，珍妮佛學苑因你的參與而得以服務對身心靈成長課程有興趣的朋友們，走入心靈的淨化、轉化與提升，開啟明天會更好的願力與機緣。

無限的感謝！

珍妮佛

目次

Contentes

Contentes

第一篇

占星思維

占星家眼中的人生

神恩的愛

　　一般的人以自身人生閱歷看人生，以自身的生命故事來定義周遭世界，但在占星家眼中的人生，卻是立體多軌的人生旋律舞步變化，生命的歷程因個人獨特的星圖而演出了宇宙星曜能量的運作。

　　珍妮佛隨著占星諮詢閱歷的累積，愈發體會以占星家的角度看人生，是一件饒富旋律變化與舞姿轉化的生命旅程，自身生命的行進不再純然的隨著外在的人與事來承接或轉換，而是以更多自覺的啟動來創造生命內涵，以臣服天意的順應來過生活，生命變得立體而多層次的清晰。

　　每個人出生的那個時空點，宇宙即賦予了個人不同的獨特生命藍圖，在生命藍圖中造物主安排了許多生命的密碼在個人星圖上，讓受過專業訓練的占星家，以星曜的符號來解碼本命性格原型，以本命星曜與行運間的星曜相位的能量流來推估生命的變化，不管這些變化是當事人主動的製造生命事件或被動的參與生命情境。因此，只要你我是生存在銀河系裡以太陽為主的地球上，都不能脫離宇宙間十大星曜的能量運作，不得不的都會被捲進命運的漩渦中。漩渦有大有小，大如海嘯的無情狂掃，小如波動中的漣漪激起小小波紋，不管害怕或抗拒，你我都必需承受

它。當然，漩渦也有美麗世界的存在，遇上了好的星曜相位，生命有如搭上了加速引擎的飛行推進器，咻的一聲，劃出天邊一道美麗的彩虹，添加你我生命的風采，世俗的金錢、地位、愛情、事業、人際、健康上的盛運，不正是生命顛峰狀態的世俗美好嗎？

　　珍妮佛很高興自己的後半生獻身於占星學的世界，即便生命外在的功名利祿不會因占星學的了解而奇蹟的改變，但個人內在的心靈世界卻大大的不同於往昔。進入占星研習後，我終於明白何以多年職場的經歷除了是一份工作的社會標籤外，內在的我一點也不快樂，原來是靈魂的渴求一直沒有得到宇宙意識的滋養，一直到了占星學的世界中，才找到了靈魂歸屬的方向，因為占星研習而順道走了趟塔羅世界的探索，更讓我幸運的貫穿於西方神秘學派中的兩大主流間。

　　占星學與塔羅開啟了珍妮佛心靈世界的天窗，也敲開了心靈寫作的潛能。若不是占星與塔羅的投入，珍妮佛不會有那麼多的心靈感觸，更不會在茫茫人海中與前來諮詢的當事人結緣。一切的一切，回歸到個人星圖，我更加的尊敬造物主為我放置的生命密碼，前半生的求學與職場經歷，練就出一番專業占星家應有的口才與表達能力，中年的轉折是造物主為我預設的生命轉換點，在轉換的過程中一路蒙名師指導，在轉換的位置上表面上是生涯角色的變化，裡子卻蘊含了人生智慧的開發與增長，一路行來，珍妮佛感謝神恩眷顧。

時間

朋友與敵人一線間

　　時間是什麼？時間不就分分秒秒的過嗎？不就是一分鐘60秒，一小時60分，一天24小時嗎？時間是大哉問，時間是你我最好的朋友，也是你我最大的敵人，時間可以成就日課的累積，時間也可以讓你徒呼負負。摘錄另類的時間觀點分享：

　　地質學家眼中的時間：

　　「我們在研究人類文明歷史的時候，必須查閱許多正式文獻，細看許多浮雕，解讀許多古碑銘，以便得知人類何時發生過大變革，何時出現偉大的思想；同樣的，在研究自然歷史的時候，我們必須挖遍自然界的舊檔案，從地球內部掘出古代遺跡，並將它拼湊起來……。若欲將某些放在廣袤空間裡的適當位置上，或將一些里程碑擺在無盡的時間長河中，這是唯一的方法。」（法國博物學家Buffon於1778年宣示的「地質學家信條」，摘錄自遠流出版「大銀河」Timothy Ferris著作）

　　占星學家眼中的時間：

　　太陽繞行黃道的週期是一年，每日移動一度，停留在每個星座的時間為三十日，走完個人星圖為一年。月亮繞地球一周為27.3日，月亮繞行黃道一周為29.5天，過個人星圖一個宮位為2.5天。水星繞行黃道一周為88天，在每一個星座停留14～18天。金

星繞行黃道一周為225天，平均在每個星座停留23～24天。火星繞行黃道一周為1年又325天，平均在每個星座停留5週到2個月。木星繞行黃道一周為12年，停留在每個星座的時間為1年。土星繞黃道一周為29.5年，停留在每個星座的時間為2.5年。天王星繞黃道一周為84年，停留在每個星座的時間為7年。海王星繞黃道一周為164年，停留在每個星座的時間約為14年。冥王星繞黃道一周為248年，停留在每個星座的時間約為20年。（摘錄自方智出版「寶瓶世紀全占星」韓良露著作）

　　生命之於浩瀚無垠的宇宙，死亡即是新生；命運之於你我，時間即是幻化命運的魔法師。此時此刻得意的人生，時間過後會如何？眼前痛苦不堪的際遇，明天過後會怎樣？生命中所有的悲、歡、離、合，感受於心的喜、怒、哀、樂、怨、瞋、癡，在時間的流逝中，都只是過程，如同地質學家眼中的化石有機物，需以高倍速的顯微鏡才能再次透析；如同占星學家眼中的星圖能量轉移，需靜心回頭觀照，才能了然於心。

　　親愛的，生活在命運魔法師—時間的推移下，當下的一切都會過去，只有激發出對個人成長與超越有所幫助的動力，那一個時間點才是生命真正的存在意義，就算那一個時間點的你是最痛苦不堪的，時間過後，回頭看，那一個時間點正是你生命力最躍動的時刻。那一刻的時間是你最好的朋友或最殘酷的敵人，就看你怎麼想了！

生命轉化

人生奧秘

　　星相學理最高的層次在於生命轉化的境界，「生」即生命生生不息，「命」即家庭動力，「轉」為人際關係的連結與轉變，「化」為天命的達成與進化。這是珍妮佛受教於占星大師王中和課程上所得到的心法，提出來與大家分享。

　　星圖黃道十二宮的設計，本身即是生命轉化的循環。生命的生生不息為牡羊座主管的第一宮，生命力、生命的誕生；運即是第四宮的巨蟹座，你所出生的家庭、你在家庭所扮演的角色，因這個角色扮演所遭遇的各式莫名奇妙的事件與際遇；轉即是第七宮的天平座，你選擇了什麼樣的人當你的親密伴侶或合作夥伴，因人成事或因人毀事；化即是第十宮的魔羯座，生命的天命達成與否，生命在世俗世界裡的功名與成就之顯現。

　　生命的順境在於生命轉化的成功，生命的痛苦來自於生命轉化的失落與扭曲。珍妮佛諮詢個案裡，有人凶星入第一宮，個人性格之自我意識過於強烈乖張、特立怪異、自我否定、暴烈不安；有人有著第四宮明顯的困難，與家人激烈不合、內心騷動起伏、家庭經濟貧困；有人第七宮是此生靈魂考驗，苦於親密關係的疏離與不定、先生搞外遇、配偶個性難相處；有人失落於事業成就之達成，茫茫然找不到事業發展方向、人浮於事、事業失

敗。不管是那一個環節出了問題，痛腳處落於其中那一項，都足以讓當事人困惑與掙扎於命運的流轉間。

也許有人會說：「我星圖上的大十字是落入2、5、8、11或3、6、9、12宮，那我是不是就沒有生命轉化的困難呢？」其實，逆時針轉個30度，1、4、7、10不就成了2（金錢）、5（戀愛）、8（原欲）、11（福德），再逆時針轉個30度，即是3（學習）、6（工作）、9（信仰）、12（果報）的課題。而這些宮位的課題，根本仍在於你的性格、出生的家庭、結婚的對象、你的事業整體之幸與不幸。

不相信占星命理的人會說：「何來命與運？命與運操之在我。」這句話對應於占星命理一點也不矛盾，命即是你的基本性格，運即是你出生的家庭與你自己組成的家庭之際遇總合。性格決定命運，命運造就人生幸福指數之高低。所以，不願意相信命運的人，在於不夠了解天道與人事的對應邏輯。而願意接受命運之於人生幸福的你，亦無需宿命的認為：「完蛋了，一切已註定於那一張星圖上。」因為生命轉化的關鍵就在你自己，改變你自己對生命的態度，即改變了生命的寬度與廣度，臣服於靈魂的考驗即是成長性人生的開始。

感慨於命不好、運不好、名字不好、風水不好的你，無需怨嘆與批判你出生的家庭，也不需以手指指責另一半的不是，只要了解生命轉化的解套在自己，就會明白愛你自己、愛別人、了解真理、了解世界的苦難與輝煌，肯定老天所安排的一切，是你超越生命痛苦的鑰匙。

天賦禮物

意在不言中

　　禮物是人際關係禮尚往來的贈與，準備禮物時，你會想著收到禮物一方者的實際需要，或給他（她）來個意外的驚喜。天賦禮物是造物主賜給你我此生的靈魂滋養，造物主在準備禮物時或許跟你我一樣，精心的設想該是一份什麼樣的禮物，才是你我靈魂此生最需要的呢？而我們就像收禮物的人一樣，在還沒打開禮物的包裝前都不知道禮物的樣子、氣味與價值，當打開禮物包裝的那一刻，啊哈！原來是這個喔！是我們在面對造物主賜予的天賦禮物的驚喜與意外。

　　每一次占星諮詢，面對一個完全不認識的預約當事人，從星圖上看出當事人的天賦禮物是珍妮佛最感愉快時，有時就算天賦禮物的能量不是很強，但能在星圖上看到在行運啟動出的好運勢也蠻令人欣慰的。個人星圖上，太陽能量好的多半有個不錯的老爸或先生，在社會上也能順遂的表現自己；月亮能量好的，母親是滋養與愛護心靈的花園，家運好、自己內在的情緒世界也富足；水星能量好的，腦筋好、口才好、學習與溝通能力強；金星能量好的，美感佳、桃花旺、能享受愛情與金錢；火星能量好的，善於競爭、有衝勁、性能量充沛；木星能量好的，貴人多、資源多、逢凶也化吉；土星能量好的，一番歷練自可收穫有成、成熟穩

重；天王星能量好的，點子多、創意佳、前衛而不被世俗牽絆；海王星能量好的，靈性佳、藝術性強、慈悲又包容；冥王星能量好的，生命的蛻變與重生總能像毛毛蟲幻化為蝴蝶般的璀燦絢麗。

以上只是個簡單的切入，星圖能量的奧妙在於每一個人星曜落入的星座、星曜與星曜間形成的相位、落入的星宮都不一樣，無限的組合猶如化學元素會在個人星圖上產生不同的質變與轉化，所以每個人收到來自造物主的天賦禮物在型態上與強度上自是獨特的不同。

每一次的諮詢，珍妮佛會與當事人確認他（她）是否在某方面特別有才華、特別受人歡迎、父親（母親）特別寵愛、賺錢特別順利、升遷自然不費力、生命力特別旺……等等，通常當事人會點點頭的深表同意，但弔詭的是，除了少數特別有自覺或已至成熟不惑之年的當事人，一般的當事人都會覺得本來就這樣啊！面對這樣的反應，珍妮佛會笑笑的說：「嘿！不是每個人都跟你一樣有這方面的天賜禮物啦！」。

人性是貪心不足的，人心傾向於趨吉避凶。你我都一樣希望生命順順利利，面對生命轉折處的痛苦與承擔，不免怨嘆起老天造化弄人。其實，人們都不自覺的犯了一個不知足、不瞭解天意、不敬畏老天的錯誤。如果沒有生命中的痛苦與災難，人們怎能記起神的存在呢？天賦禮物在人性的認知下，早已認為本該如此的理所當然，一點也不覺得有何了不起的恩典了！

親愛的！想想從小到大，你特別幸運的是什麼？這些就是上帝不言的天賦禮物喔！早已拿了禮物的你，對於當下的不順，又何需太執著於眼前生命的不公不義呢？

存在的探索
不斷發現的自我

　　親愛的，奧修說：「存在就是一美麗的綻放，一種花朵開放的芬芳。」西方心理學派存在主義者主張—我們對自身周遭的詮釋仍有選擇的自由，我們是自由的，並且要對自己的選擇行動負責。我們是自己生活中的創造者，我們為自己草擬生命的藍圖。奇蹟課程說：「你就是你創造的實相之總和」。

　　占星、塔羅與Aura-Soma諮詢服務的工作，讓珍妮佛有機會體會存在主義心理學派的觀點—人們會來找諮詢師，經常都是因為他們對自己的生活失去了控制的能力，他們可能會期望諮商者指導他們，給他們建議，或者製造神奇的療效。他們也需要被傾聽與了解。人類不同於萬物的特性之一就是追求生命的意義與目的。會促使當事人來尋求諮詢與治療的內在衝突，大部份都是以存在的問題為中心：「我為什麼會在這裡？」、「我想要從生命中獲得什麼？」、「什麼事物能夠賦予我生命的目的？」、「對我而言，那裡才能找到生活的意義？」

　　存在主義治療法主張：「即使遭受到了苦難，他們還是能在其中探索到意義。意義是要間接去追尋，在生命中，意義的追尋是我們執著地投入於創作、愛、工作或建設性的副產物。」珍妮佛也從諮詢個案身上看到—當事人想透過諮詢來尋求痛苦背後的

天意是什麼？痛苦何以造成？痛苦何時解脫？而原來要讓自己幸福快樂不在於諮詢可帶來命運奇蹟的轉換，而是在於自己終於能夠誠實的接納自己、不再逃避失意、悲傷或痛苦的事實，明白保持對生命熱愛的活在每一個當下，即是生命創造新頁的開始。

存在主義心理治療認為—我們存在的意義從未被固定，且永遠不會被固定。相對的，我們透過自己的想像不斷地創造自己。人類恆常處於一個轉換、蛻變、發展與成為的狀態。「成為一個人」暗示著我們不斷的發現我們的存在，並賦予存在新的意涵。

珍妮佛透過個人星圖觀照，可以看出生命藍圖的方向、生命行運間可能的趨勢與運勢，但明白真正能賦予生命藍圖意義與價值，卻是當事人自身的參與與演出。生命的參與與演出即是當事人無時無刻轉變的存在之總和。命運究竟是老天爺決定的呢？或命運是自己創造的呢？事實上，正反兩面的陰陽思考始終存在於命運與自由意志的奧秘間吧！

奧修說：「科學是邏輯與驗證的產物，宗教探尋主觀內在世界的真理，神秘學是跨越科學與宗教的奧秘，是早已存在於宇宙的真理。」珍妮佛欣喜於個人星圖帶動的能量，讓我在親近心理科學、哲人大師與古老神秘學的知識間，找到了存在探索的喜悅。

親愛的，美好的探索旅程點滴分享予你，喜歡嗎？

附註：參考書—雙業書廊出版諮商與心理治療理論與實務（Gerald Corey
　　　著　修慧蘭教訂）

中年危機找上門嗎？

是我嗎？

　　珍妮佛占星或塔羅諮詢個案裡，不乏正走在中年危機的當事人，但奇特的是這些慌亂的當事人，並不知道中年危機找上門，只知道生活不順、際遇乖違、心情不佳、前景迷茫。當珍妮佛透過個人星圖的說出行運裡強大的宇宙星曜天王星、海王星、冥王星，加上社會星曜的土星，軋軋在一起的刑衝破壞效應在個人星圖裡的影響是什麼？當事人才恍然大悟的了解：「喔！原來現在的我正處於中年危機的風暴呀！而這幾年的我就是要保持清明的自我覺察呀！」

　　依現在的天象，行運冥王星落入人馬26度前後，一直到97年1月才脫離人馬座的轉進魔羯座，因此舉凡1969年～1972年出生的地球子民，不論出生在地球的那一個地點，都必需面對生命中最重大的蛻變考驗，生活中必定有外來重大的現實面摧毀與破壞，影響著當事人長期的精神面與物質面，逼迫當事人去面對內在精神與外在際遇在權力、身體與性關係上的衝擊。

　　宇宙對地球子民的命運設計是多元進行的，當行運冥王與本命冥王刑剋的肆虐掃來時，另一個帶來生命層面迷惘與失落的海王星也不落後的找上門。目前行運海王在寶瓶19度前進著，對1965年出生的人來說，當有不知怎的今年的生命前景特別低落，

個人強烈的有個無法實現的、內在模糊的夢想缺口，卻又不知道怎樣去落實它才能夢想成真呢！

當行運冥王摧毀的力量霹靂而降，當行運海王迷惘的力量幽幽蠱惑時，超級龍捲風的行運天王當然也要有所演出。當行運天王雙魚落在11度～18度區間，對1964年～1966年出生的人來說，最要留意生活上躁進、衝動與想要突破的改變力量，勿以外在的換工作、換情愛對象、換房子等現實改變來取代內在的騷動，因而偏離了生命的軌道。

大致說來，今年37歲～42歲的人，生命歷程正來到宇宙能量—天王星、海王星、冥王星的橫掃期，本命格局有其它吉相來支持的，經歷的是一場情境相對緩和的中年危機；本命格局又有其它剋相來攪和者，當然是亂糟糟的中年沉淪呀！待這批無論是覺察或渾然不知、但卻飽受中年危機驚嚇的人走出時，生命的風景已是大大的不一樣了，而老天爺卻優雅的永遠以精準的宇宙計時器開啟下一批在個人星圖上啟動冥冥刑、海海刑、天天對相的強勢破壞力。

親愛的，不論你是否覺察自己已不知不覺的踏上中年危機，或你壓根兒不覺得中年危機跟你有任何關係，只要今年的你年齡落在37歲～42歲間，別懷疑，珍妮佛以占星學理的視野鄭重提醒你，現在的你，最需要以自我的覺察與人生的智慧來渡過這場橫跨數年的中年危機；如果你想明顯的知道那個生活面向出了問題、慌了步調、亂了方寸，那就是宇宙能量在你星圖上啟動的星宮影響啦！而如果你不知道將會有什麼樣的大衝擊掃過來，或在

大衝擊之下如何全身而退的少一些因無知而攪動的亂局，來與珍妮佛談談吧！

　　親愛的，「知命」與「解運」是個人生命面對宇宙蒼茫浩瀚的理性覺察，若以鐵齒的傲慢來阻斷自己對命運的理解，或以迷信的無知誤入怪力亂神的欺騙，那真划不來呀！雖說人生一場、浮生若夢，但活在紅塵俗世裡，總要把夢看清晰些，不是嗎？

只緣身在此山中

讓你看不清

「橫看成峰側成嶺，遠近高低各不同，不識廬山真面目，只緣身在此山中。」蘇東坡多次遊廬山、感嘆廬山之美，吟詠而出的千古佳句。這首詩讓人透過文字盡情馳騁在詩人眼中的廬山，珍妮佛未曾一遊廬山，倒覺得這首詩很有看人生、話生命的味兒。

大部份的你我，戴著不同的面具穿梭在不同的人際關係裡。對親密伴侶，我們習於呈現赤裸的我；對公務往來的人士，因對方權力與職銜不一而有尊敬或傲慢之意；對家人我們期待被照顧與呵護，希望放下情緒的心防，徹底享受卸下面具的輕鬆；對朋友我們視交情深淺來呈現不同層次的我。你我在別人眼中，像不像廬山的萬種風貌呢？不完全看清、不盡然摸透的各有性情側寫呢？

就算是自己，也不完全能認識自己，不是嗎？不能認識自己的原因，在於不願意或不能夠。不願意來自於自欺欺人的駝鳥心態，因為看得太清晰，自個兒的貪婪、怠惰、罪惡、物欲、情慾、貪食等都給看得一覽無遺、毫無隱藏空間，那不顯得自己太惹人嫌嗎？不能夠在於沒有自知之明，因為個人知識或見解的狹隘而失去了看清自己的能力，流於沾沾自喜的自大與傲慢，自以為自己是該得到一切好處與順遂的子民。

　　當我們不能夠或不願意客觀的看清自己，於是我們在人與事的變遷及起落間，感受到失意與失落的痛。奇蹟課程裡提及的觀點：「你眼中所看到的一切，即是你心裡所想的一切。」這句話，即是境由心生。被權力所困的人，易痛失權力；被愛情所惑的人，易迷失於愛情；被金錢所蠱的人，易陷於金錢魔喚。你我最在乎的東西，不能擁有或曾經擁有再失去，都是一種生命不能承受之重的打擊。其實，換個角度想，為權力所役、為情愛所苦、為金錢所綁，這樣的人生才苦呢！蘇東坡多次遊廬山，行進間、坐臥間看盡廬山朝起雲霧、西沉斜陽，詩人的感懷興起了「不識廬山真面目，只緣身在此山中。」人生，不也如此嗎？不曾往內探索自己，哪裡會知道自我的渴求是什麼？總以為名利、金錢、情愛、名品、佳餚、豪車、華屋，這些外在用來彰顯自我價值的東西才是餵飽生命的糧食，殊不知要讓心靈感覺充實的快樂是終其一生最難抓取的糧食呀！

　　只緣身在此山中，的確讓我們不易看清山中真正的風貌。親愛的，人生旅程當自覺身陷其中，看不清何去何從時，不妨離開那座讓你困住的山，在山外的你，自然看得清在山內的你何以困住囉！

　　占星諮詢猶如幫助處於山中的人，撥開重重樹林糾葛、解開藤蔓纏繞，看到山裡的路，走出困住生命的山頭。有沒有興趣試一試呢？

蛻變

生命必經歷程

　　親愛的，《光的課程》提及：「做為一個存在，你不曾死亡，不曾失落，你只是探索著蛻變與轉化。你從不曾失去得救的希望，你永遠具有強化你精神力量的能力。這精神力量是你的真知，它與一切所有的「我是」（I am）為一體。做為一個成長中的存在，你的挑戰會強化並確定你的目標。所以你可能會展現你創造的欲望，以實現你對自己的理念。」

　　是的，珍妮佛在自身生命的經歷中與觀看眾多他（她）人星圖上，體會這段充滿精神意涵的話語。蛻變是你我熟悉的自然界現象，當捲曲的蛹轉變為蝴蝶飛舞的過程，我們看見了生物生命的蛻變，但同樣身為生物的我們，卻不易見到自我生命的蛻變，多半是在生命的重大事件發生與際遇的轉換中，我們才如夢初醒的察覺到，自身的生命正如同自然界中捲曲的蛹，將幻化成美麗的蝴蝶飛舞在花叢裡，或在幻化過程裡被其它生物給吃了的走進生命的死亡幽谷。

　　占星學理中冥王星是個人星圖上的蛻變星曜，冥王星以隱藏看不見的深邃能量，在你我的星圖上含藏著巨大無比的爆發能量，蓄勢待發的等待著宇宙計時器的啟動來轉變個人重大的命運風貌。五年級生的珍妮佛，對冥王星的蛻變與轉換能量，在自身

前後三年的中年危機裡，參與著它的偉大與奧妙，自是再清楚也
不過了！當同是五年級生的諮詢當事人娟找上門時，看著同年次
娟的星圖，珍妮佛更加體會造物主在每一個地球子民身上，事先
計劃好的生命藍圖，正以不可言喻、但又可說的奧義傳達著生命
蛻變的力量。

　　冥王處女與海王天蠍的六分相是五年級生星圖上的宇宙相
位，也就是說，五年級生的地球子民容易在人生行進的歷程裡，
處於靈性覺醒的時代環境與意識潮流裡。娟個人星圖三宮的天王
星獅子與六宮的月亮人馬三合，十一宮的太陽金牛又與三宮的冥
王處女三合，這意味著娟有著非常好的潛能，可以透過高等知覺
的另類知識學習來啟發與滋潤追求自由的月亮人馬，有機會以專
業的身心靈療癒知識或技能，為自己在共同理念的團體裡開啟療
癒他人的影響力、發掘個人能力展現的財富礦藏。但這個已經佈
好陣勢的好相位，能不能順利的開展出來，激發它可以有的較高
境界，就看娟有沒有決心與毅力為自己鋪設學習另類技能與專業
療癒知識道路工程了！

　　親愛的，生命蛻變的過程是辛苦的，生命蛻變的結果是美
麗與幻滅都可能存在的結果。這就是「做為一個存在，你不曾死
亡，不曾失落，你只是探索著蛻變與轉化。」，「做為一個成長
中的存在，你的挑戰會強化並確定你的目標。」是蛻變過程裡需
要堅定去實現的毅力工程，「你可能會展現你創造的欲望，以實
現你對自己的理念。」是老天爺送給每一個願意面對生命蛻變、
迎接生命蛻變的最佳禮物。

探索命運的奧秘

跨越美麗的山

　　親愛的，年齡的背後蘊藏著生活的經歷與經歷背後的智慧，是現實生活的法則，也是個人星圖上星曜能量發展的宇宙法則。

　　個人星圖上的太陽、月亮、水星、金星、火星這五顆星曜，是我們年輕歲月時最能感知的性格能量星曜；木星與土星是我們進入社會生活裡各式人際關係中演出的社會能量星曜，木星帶來生命中的樂觀與繁榮，土星帶來現實際遇的悲觀與緊縮；天王星、海王星、冥王星是我們在社會變遷與個人生命際遇變化裡，透過重大的生命事件、重要人際關係的恩與惠、債與怨的各式業力演出，把我們的無意識帶入顯意識，讓我們清楚的感知命的原型與運的變化之宇宙能量星曜。

　　珍妮佛占星諮詢工作中，不同年齡的諮詢當事人，不論是自行透過網路或因朋友推介前來，看不見的神引領他們以西洋占星來瞭解自己的命運、接納自己在命運中的創造性演出、明白星曜能量流的運作在他們的命運中所勾勒出來的生命景象。透過珍妮佛解析個人星圖，當事人明白生命的背後有個造物主所安排的偉大的藍圖正運作著，生生世世不滅的靈魂選擇的地球禮物與苦難，規律且奧妙的依天象運行的週期而啟動著。

　　諮詢個案裡，珍妮佛清楚的看到年齡層差異的諮詢當事人對

命與運的認知，就性格能量星曜的接受可以很快的進入狀況，但明顯的對社會星曜能量與宇宙星曜能量對個人命運的個別影響則反應大不同，面對個人的生命原型與際遇運程，亦反映著相當不同的認知與關切。諮詢當事人年齡層落在20～30歲的年輕人，明顯的有著愛情或工作的不同生活煩惱；30歲～40歲的當事人，生命的痛楚與際遇的辛酸，大多環繞在人際關係上，有情愛親密關係的糾纏、有職場權力關係的恩怨、有人生夢想的落空、有現實企盼的無耐；40歲～55歲的當事人，過往歲月裡早已承載著人生歡喜與悲傷夾雜的風霜，諮詢的動機除了展望未來的好奇，還有著釋放過往的生命理解與接納及面對命運的謙卑。

對40～55歲的當事人來說，年輕時在乎的金星能量—桃花情愛多半已是塵封的回憶，現在是另一種能量—社交情誼、金錢資源、藝術美感的發揮囉！青春歲月裡活躍的火星能量—動物本能的吸引、情慾性愛的燃燒，現在是個人與他人競爭力的動能、自我目標與行動力的展現；踏入社會後木星所展現的社會性資源給予，或土星所展現的社會淬煉難題、人際權力限制與考驗、現實生活的緊縮與蕭條，其間的滋味是什麼，心裡有數啦！就連安置在生命藍圖裡的宇宙集體意識能量—天王星、海王星，冥王星，步入中年後，帶來的命運巔覆性地震或建設、幽微侵蝕或美好如夢、摧毀破壞或蛻變新生是什麼，點滴在心頭呀！

只要是生活在地球上，身處太陽系的我們，一生命運的變化總在天（天體運行的天象）、地（你所處的地理空間與生活環境）、人（你的人際關係）三者間，以奧妙的方式運轉著。明顯

的，我們對命與運的感知，隨著年齡不同而有所不同。當年輕芳華的當事人說：「從小到大的我，一路行來都很順遂，我這一生都會如此嗎？」，歷盡滄桑的當事人問：「老天爺何時才會善待我，以後將如何？」珍妮佛回應前者：「命運怎會一路順遂呢？生命的難關只因時間未到呀！年輕如你，何必為十多年後的困難擔憂呢？」珍妮佛告訴後者：「過往的你雖艱辛如此，但你不也走出來了嗎？不要懷疑自己沒有能力再迎接挑戰，命運的安排自有神意的奧妙。」

　　親愛的，親近占星學理龐大精深的奧妙，開啟了珍妮佛對人生命運認知的新視野；諮詢工作中實際接觸不同年齡層當事人的經驗，幫助珍妮佛明白年齡背後的生活智慧對命運的認知本有所不同。在占星學理中精進，在諮詢個案中累積不同年齡層個案的對話心得，在Aura-Soma靈性彩油中的使用體會、在《光的課程》的修持感應，通通是珍妮佛探索命運奧秘的道路，不同的道路帶領著我跨越命運奧秘的這座山─這座美麗的山！

　　親愛的，祝福你也找到跨越命運奧秘之山的道路，找到了道路，美麗的山就在不遠處！

不適任嗎？

上班族必須認知的職場遊戲

　　「不適任」是職場權威揮舞權力大刀最好用的託辭，也是看臉色辦事的中級幹部用來伺候主子與保護自己的好理由。如果眼前這個員工或同仁不適任，身為權威或中級幹部的人要不要負責任呢？學習型的組織裡怎會有不適任的員工呢？官僚習氣才是就造不適任員工（同仁）存在的真象吧！

　　通常，被宣告不適任的人選，情緒上的被羞辱感遠大過於失去工作的恐慌感，被羞辱感來自於個人的能力與自尊完全被否定，西瓜偎大邊、冷眼旁觀的同事，此時多半會無知的開始傳些竊竊私語小話，忘了自己也可能是下一個權威眼中不適任的黑名單，忽視了只要有組織，就有權力鬥爭的不變真理。

　　職場上的不適任是一個上位者與下位者，各說各話、各自陳述的對立狀況，清官難斷家務事的沒有絕對的是與非，但可以肯定的是下位者受上位者討厭的程度，已來到了必須除之而後快之的臨界點，如不除掉這些不適任的人，上位者覺得自己被帶衰的拖住了進步的步伐，上位者藉由除去不適任員工來表現大刀闊斧的改革魄力，做些既定的開除事實給資方交待；對下位者來說，是一個時不我與的霹靂時刻，再也沒有理由或藉口可以讓自己躲在拖死狗的胡同，不管能力如何、過往如何，過去的已消失於功

利的權力鬥爭、人情淡薄的殘酷、自我懦弱的逃避。

「不適任」之於權威揮舞者或被審判的受害者，是一個沒有絕對對錯的理由，但卻是職場上的上班族必須認知的遊戲規則。只要你已不是權威關愛的對象，昨日的功，可能成為今日的絆腳石；只要你是權威此刻的最愛，昨日的過，可以是今日升遷的忽略點。下位者所處的權力劣勢是讓自己處於有話說不清的吃苦黃蓮狀態，申訴或控訴，通常只會帶給自己更多的羞辱與冷嘲或熱諷吧！

親愛的，如果眼前的你已來到了不適任的邊緣，別再自欺欺人的拖死狗了，也不用多費唇舌的想扳回些什麼，天地之大，只要你願意轉換跑道，不會餓死你的啦！如果你是那個被審判為不適任的人，別因此否定了自己，請記得你只不過是不被這家公司、這個權威、這個幹部接納的人，他們不想要的人，有可能是別家公司未來的閃亮之星喔！世人眼中的好與壞，不過是個相對評價嗎？

親愛的，如果你是那個揮舞權力大刀的人，更要深思囉！當下種種作為真的是必要嗎？或這只是你用來掩飾自己管理無能的作為呢？你所帶給別人的傷害，除了一份飯碗，背後還有更多你看不見的情緒傷害喔！除非你坦然且清明的認定，開除不適任的人是一個絕對的組織需要，那麼對不適任員工（同仁）言辭上的善意表達、相對合理的遣散補償，是不是更有人性些呢？少造些職場權力殺業呢？

亢龍有悔
飛龍在天的下一步

　　親愛的，前進、前進再前進，一定是人生成功的法則嗎？不一定喔！老祖宗早在易經乾卦上九說得明明白白—亢龍有悔。子曰：「貴而無位，高而無民，賢人在下位而無輔，是以動而有悔也。」，「亢之為言也，知進而不知退，知存而不知亡，知得而不知喪。其唯聖人乎！」

　　親愛的，人生像河流，始於生命源頭，終歸要流入大海。當河水來到高漲湍急處的奔騰而下時，必然有能量用完的耗竭期。生命像河流一樣的日復一日，今日之水非昨日之流，明日之流將如何，沒有必然的等量風景。只可惜，人性的傲慢與權力的激情，經常讓聰明才智一流者，栽在亢龍有悔的盛燄裡。待有悔時，徒呼負負又如何？當存在的尊嚴如過街老鼠人人喊打的被公審，或眾人皆落井下石的嘲弄與戲謔，方知大勢已去，已來不及啦！

　　亢龍有悔的運作法則，政治如是、職場如是、關係亦如是。占星學理上行運冥王或土星的行運吉相，可以讓當事人在行運期間握有操控的權勢與力道，有機會讓當事人事業生涯的作為因努力而攀上頂峰。但當行運能量演出後，爾後上場的星曜在個人本命星圖上的剋相，有可能是宇宙或社會以集體意識來考驗的權力

鬥爭反撲期，當事人若以為過去行得通的權力操控模式，現在依然可派上用場的來個淋漓盡致的對抗，期待下一個攀頂的大獲全勝，可就錯得離譜啦！宇宙或社會破壞的集體能量，絕對會來個權力大反撲的教訓，讓當事人摔得鼻青眼腫，輸得不敢出門。過往權力殺業愈重的、造孽愈深者，要嚐的權力苦果愈是苦澀。

春夏秋冬的四時交替，是亙古以來的大自然法則，不因特定的人與事而變。塔羅牌世界之後的下一張牌又回到愚人，易經火水未濟卦之後又回到乾卦，始終是個由盛到衰、由衰到盛的循環。亢龍有悔之後的下一步呢？回到潛龍勿用。只是生命很難像學理一樣的回到原點，大部份得權之人在失權之後，不都鬱悶失意到不行嗎？能有幾人做到回到觀眾席當個靜默的觀賞者呢？

珍妮佛寫亢龍有悔，不意指那個特定的人。而是觀看無數個人星圖的感觸，透過觀照與解析他人的星圖，珍妮佛看到宇宙劇本的隱密性法則，以隱覆密意的方式教導與訴說著宇宙賜福的禮物與教訓世人的課業。每一張星圖總像被命運魔咒給鎖住似的，逃不開本命星曜能量與行運星曜能量交互的演出，命運有時以無比的殘酷啟動著當事人最不願意、也最難承擔的課題。但當命運被宇宙賜福而順遂時，當事人通常是不會想起或感恩上天的加持，只有當命運乖違時，呼喊老天天不應的悲哀極了！

親愛的，眼前的你若正值飛龍在天的一路順風，請記得下一步必然是亢龍有悔，能夠在亢龍有悔中而不悔，是件不容易的生命智慧喔！現在就開始慎思、慎言、慎行吧！

無常
萬千幻化

　　羅馬不是一天造成的千古名言，你懂我也懂；繁華的龐貝城毀於剎那的火山爆發盡成歷史廢墟，你知我也知。這兩個史實上的例子都發生在羅馬，那個遙遠年代的興盛文明。

　　昔日的羅馬帝國在凱撒大帝的經營下，曾經霸權於西方文明，於是世人善用巧喻的說出：「羅馬不是一天造成的，萬丈高樓平地起。」西方考古學家挖掘了龐貝城面積廣大的廢墟，在廢墟中見證了曾有的城市繁華與燦爛文明。兩者是個鮮明的對比，前者述說人為的努力可以建就千古功業，後者見證自然力量可以毀滅一切。

　　你我的生命歷程裡，始終存在著努力可以有機會帶來成功，極盛之時也可能是崩潰的剎那。這樣的生命現象猶如「羅馬不是一天造成的」令人激勵，也與龐貝城帶來的廢墟令人感嘆。前者鼓舞著你我生命事件與成功果實的經營的關連，後者讓我們明白人不一定能勝天。看過不少個人星圖的珍妮佛，不論是未執業前的玩票或正式執業後的個案諮詢，每一個人都有對個人生涯努力付出的成功果實，但也會在不同的時間大逆轉於生涯的鼎盛。當你我在邁向目標與願景的經營中，我們幾乎全然相信：「凡努力必有收獲」，當我們達到了成功的彼岸，我們會告訴自己：「這是我應得的」，但當我們正得意春風於生涯現況時，當一個不可

擋的摧毀來臨時，我們大都不能接受的吶喊與掙扎於「為什麼是我？」。

生涯路如此，感情不也如此嗎？付出真心可帶來真愛，但真心愛過不必然就此幸福圓滿啊！生命歷程行進間的顛仆與坑洞，不就在考驗著你我能不能夠清晰的看清楚天地人之間的大學問嗎？逢生命困境不正是老天爺賜與你我往內探求的最佳時刻嗎？還會有什麼時候的你會比困境中的你更能體會生命無常呢？你我在生涯順遂、感情得意時，總會習慣性的自以為自己能力好、條件佳、迷人得很，那裡會想到生命的暗流隨伺在後呢？

「得意時莫盛驕，失意時莫氣餒」是珍妮佛研習占星與塔羅、初探易經的心得，對照於生命歷程的現象，更是如此。生命是一個長時間的行進過程，大凡於世，人們總是在年過花甲回頭看人生時，才能深刻的明白生於世的人生哲理，只是人近黃昏已難有作為也。對年輕而被丈夫外遇背叛的妻子來說，當下的生命好煎熬，但換個角度看，很好啊！年輕就學到了婚姻危機的克服與超越課程；對年屆中年的上班族來說，被五雷轟頂的權力下放或遭貶，很痛苦啊！但反過來說，太棒了！沒有現實打擊的痛那來的轉業生涯動力呢？

親愛的，不管當下的你處於什麼樣的人生處境或際遇，「凡努力必有收獲」是我們應該盡一切最大可能來付出與投入的，「生命無常」也是我們要了悟與尊重的生命現象。沒有什麼一定必然的邏輯與不必然的不存在，這就是天地人之間的萬千幻化與生命的無限可能。

想哭就哭吧！

敞開心靈暗房的第一步

　　想哭，就哭吧！這是珍妮佛在進行面對面占星諮詢時，經常說的一句話。我告訴當事人：「雖然我不盡然知道你的人生故事是什麼？但是透過星圖我可以感受到你的靈魂痛苦的地方及來源在哪裡。首先，我要聲明的是我並不會通靈，也沒有第三隻眼，只是我很認真的研習占星，也看過相當多的星圖、聽過星圖主人訴說他（她）的人生精彩與失落的片段，更加印證了占星知識的科學性。」

　　如果你的星圖上有月亮與土星的刑剋相位，通常你的潛意識是相當受壓抑的，你會很習慣、很不自覺的將生活中最讓你傷痛的感覺，因人類本能性的防衛系統的啟動，而將它丟到心靈的暗房，也就是心理學大師們說的潛意識（人類意識冰山底下的深不可測地帶）。但是心理學家也告訴我們，丟到心靈暗房並不等於消失，在日常生活裡，當你又遇到類似的傷痛事件或感覺，心靈暗房的潛意識又會不自覺的來參與你現在所遇到的傷痛。於是舊傷未癒，新傷又起，你只會更痛苦，有時你是以麻木不仁的感受來欺騙自己，有時你是極端的憤怒，有時是強烈的罪惡感，有時你是沮喪、憂鬱的。

　　就算你的本命星圖沒有土星與月亮的刑剋相位，每當行運的

月亮以2.5天的行進節奏在你的星圖過一個宮位時，也一定會與你本命星圖的土星來刑剋一下，這也是為什麼一個月當中總有那麼幾天，心情超悶或情緒很差、做什麼是都提不起勁，要是那個傢伙不長眼的來惹你，算他（她）衰，你是不會給他（她）好臉色的。

每一個人都有自己專屬的傷痛，每一個人的心靈暗房也各自堆積了各式不為人知的傷痛故事，心理學家教導我們要把傷痛抒發出來，你可以透過寫作、聽音樂、藝術欣賞或創作及宗教上的儀式（禱告）來自我療傷，當很悲傷、很難過、難過得要死的感覺湧上心頭時，記得不要否認與壓抑，你可以在電腦上將你的傷痛寫出來，寫完時也哭得差不多了，你也可以聽你最喜歡的音樂，一邊聽、一邊哭，你也可以隨意塗鴉，感覺自己的憤怒與傷痛在線條中宣洩出來，如果你有特定的信仰，更可以對你的真神禱告，將眼淚留給上帝或老天，祈求祂賜與你重生的力量。

塔羅占卜如果牌占上出現的牌是死神（Death）或毀滅（Ruin），通常你是處於痛苦狀態，死神的意涵就是精神上的死亡，從死亡中再重生；毀滅的意涵是生活中的不順接二連三，背到家了，所以當看到這兩張牌，記得先處理好你的傷痛，讓眼淚找到出口，而不是又習慣性的把它丟到心靈暗房喔！

客途秋恨

只是過程

　　多年前珍妮佛任職報社，正是行運土星三合本命冥王與火星的管理盛運期，那時的我正揮灑於職場的鼎盛權力與威望，權威當著所有男性主管稱讚說：「經營出來的團隊績效不輸男人的剽悍！」

　　當行運的土星三合盛運離開後，珍妮佛職場上過往鼎盛的權力與威望、績效與掌聲反成為肩上不得不承擔的包袱，主管權威的自由心證日日更新，組織一年一度在改革與進步的口號下翻來覆去的分割與重組，過往的優成了當下的劣；昔日的盛成了當下的憋，但為了飯碗而不得不服膺在自由心證權威的操控，回想起來，那段日子是一連串撕裂尊嚴與正義的職場生活，而卑屈竟是當時生存的唯一法則。

　　殘酷的是當行運土星漸進來到與本命土星對相的考驗時，土星所徵象的魔鬼教練與業力清算，以極盡所能的權謀與權威事件一一演出於職場生活。自由心證的權威以冠冕堂皇的美麗託辭，硬是讓珍妮佛有淚掉不得、有苦說不出，活生生的把我綁在終結職場生涯的十字架上當個倒吊人。半年多的日子裡，珍妮佛做的是沒人想要、沒人願意碰的冷灶主管職，但需負責的煩瑣雜事職責卻不少，就這樣，吃鱉的鬱悶至極，有話說不出的至澀痛苦，

身體抗議的爆發了一場連續五天高燒40餘度、頸部腫脹到臉變形
的深喉嚨大病而住院七天。

病癒後，珍妮佛一方面以耗竭的微弱力量抓住土星的世俗利
益—報社的薪資與熟悉的人際環境，一方面拼命的潛心研習占星
與塔羅，打定隨時可走人的矛盾擺盪。在大病一場後的4個月，當
行運土星與本命土星終於正對相時，太酷了！所有非我所惹、匪
夷所思的事件，排山倒海的拍上岸來，像海嘯一樣的吞噬了職場
最後一線生機。諷刺的是當珍妮佛遞上辭呈時，權威在珍妮佛遞
出辭呈的那一個月裡，竟讓我自在的享受了在報社六年裡最無事一
身輕、最無牽扯的職場權威假期，或許對權威來說，戲已落幕、
如鯁在喉的眼中釘終於棄甲投降，再揮弄權力大刀也沒啥必要了。

近日聽「客途秋恨」，正逢占星課程教導土星行運，自然
的勾動了土星行運的那一段艱辛職場記憶。珍妮佛在此把姚謙寫
的歌詞摘錄下來，讓親愛的你自行品味，想想你的人生過往或現
在，生命的旅人在地球作客這一遭，是不是也有幾分歌詞裡的意
境呢？

> 「秋天的風，就這樣吹了一生，憂傷的味道嚐到現在，
> 生命像一條任性的河川，急急緩緩，甜甜酸酸。秋天的恨，
> 躲在她的裙擺，憂傷的眼神藏到現在，命運是一粒客途的塵
> 埃，朝夕不定，海角天涯。沉靜與落淚，祈願與等待，都是
> 宿世的無奈。青春的恣意，美麗的眷戀，只剩下一種期待。
> 秋天的夢，藏在斑駁歲月，憂傷的字眼寫到現在，鄉愁成了
> 一朵過眼的雲彩，留已無言，忘也無礙。」

來杯手工現煮咖啡！

抖落心頭上的煩瑣

　　超忙碌、高壓力、被業績追著跑的上班族，是都市叢林裡最大宗的辦公室動物，這群在公司被老闆K到不行、扁到自尊心低落、人格嚴重扭曲的可憐蟲，往往是出了公司大門，老爺（姑奶奶）我最大，去你的×××，心想：「反正到了月底交出業績就得了，就算交不出來也不會死人呀！有本事你自己做做看，不要老躲在辦公室裡翻來覆去的只會阿媽裹腳布似地叨念，也不要老是坐轎的攬功還嫌扛轎的差勁」，於是心理不平衡地前往coffee shop消氣或打發時間的大有人在；還有一種遊牧民族式的行動辦公族，Coffee shop裡約了客戶談合約、保單內容、企劃案，一邊喝咖啡、一邊套交情，察言觀色中打鐵趁熱的敲定訂單；再不然就是櫻櫻美黛子的閒人們，逛累了到Coffee shop落個腳，扯八卦外帶補充體力再出發，於是，台北街頭的coffee shop不管是IS或Starbucks或其它各式連鎖或單店，總是生意興隆地迎接著來來往往的客人於收銀機的叮噹聲中。

　　但香濃四溢、不加糖的手工現煮純咖啡，應該才是喝咖啡行家的最愛。喝咖啡與心靈成長有關嗎？對珍妮佛而言，答案是Absolutely。咖啡是珍妮佛撫慰心情的熱飲，一口熱咖啡飲在嘴裡，彷彿洗去了生活中的塵埃與心頭上的瑣碎，望著與你一樣

喝著咖啡的人，再望著窗外熙攘的人車，頓時，時空凝聚於那一杯眼前的咖啡，啥也不想地純然享受於當下的咖啡香。對愛喝茶的人來說，品茗喝茶也是這樣的情懷，遙想古人在松樹下煮茶、泡茶，望著流水潺潺流過，對著天上的白雲閒想於微風中，這樣的幽情雅緻怎不令人嚮往呢？今人的你我，生活在都市叢林裡，松樹、流水、白雲、微風不可得，找一個好咖啡或好茶的角落，三五好友或獨自一人喝著心愛的咖啡或茶，讓心靈暫時的沉澱於咖啡（茶）香裡，悠遊於都市叢林裡的小花坊，很享受的當下，不是嗎？

生活中的壓力無所不在，適度的抗壓可以淬煉我們生存的本事，但過度的壓力卻是影響情緒與健康的無形殺手。憂鬱病患與自殺者不斷的攀升，正顯示這個社會瀕臨崩潰的人愈來愈多，遺憾的是這當中並不是每一個人都能自覺於生命的難題是成長的動力，是可以透過心靈成長來超越，正因為不知心靈成長的妙用而墮入了如地獄深淵般的心靈啃噬與痛苦。親愛的，很慶幸還不是憂鬱症的你我，一定要懂得在生活中透過壓力的抒發與解放，讓自己遠離憂鬱的糾纏。喝杯咖啡撫慰受傷或疲憊的心，讓心靈抖掉旁人的議論、老闆的指責、另一半的疏離、金錢的饑渴、性的不滿足、孩子的叛逆、父母的頑固…，一卡車生活中的瑣碎與惱人事件，就讓它隨著咖啡飄香而去吧！下次駐足街頭喝咖啡，記得來杯手工現煮的咖啡喔！

愛在東洋軒

幸福喔！

　　星期天的中午去那兒來頓異國美食呢？除了食物好吃、令人
回味之外，還能洋溢滿滿幸福感的餐廳在那兒呢？珍妮佛與各位
分享一個台北市的好地方，雖不是超羅曼蒂克的豪華型餐廳，卻
是個一樣有著愛的故事，讓你品嚐佳餚之外，心中滿滿的美食+幸
福的溫暖感，告訴自己下次可再來的異國美食餐廳喔！

　　這家餐廳在台北市建國北路2段99號，店名叫「東洋軒」，望
其名即知日本料理也。道地黑豬里肌排裏上特別訂做的吐司削片
雪花麵衣，經熱油酥炸撈起擱在鐵絲網上，酥脆口感不走味的淋
上店內特製的咖哩醬汁，夾著切成細絲的高麗菜，一碗QQ白飯、
一碗味噌湯、一碟醬漬日本小菜，讓你吃得口齒留香又開懷；海
鮮什錦套餐，日本北海道空運來台的鮮甘貝，台灣上鮮的大明
蝦、魚片一一猶似穿上了麵衣般的被端出來，明蝦肥美的躺著、
干貝圓滾滾的擺著、魚片端莊的側著，沾上老闆特調的海鮮塔塔
醬，保證讓你還想再來一盤，還有馬鈴薯泥包裹蔬菜餡兒的可樂
餅，超讚的輕食，再來盤輕巧的培根炒高麗菜，飲啜著五年級生
懷舊的可爾必斯，餐後奉送的自製奶酪、咖啡或茶，How much？
一家三口千元多一些而已喔！

　　平時這是珍妮佛一家人周末河濱公園騎腳踏車，混累了歇腳

的晚餐處，當小鬼嚷著周日中午打牙祭，腦子裡自然想起東洋軒美食的召喚。用餐後，心血來潮的與老闆娘聊上幾句，突然靈機一動，為何不推介給電子報讀友呢？說不定原本相愛的讀友們，因此有個享受美食、幸福加溫的地方；尚未陶醉愛河的兩人，愛在東洋軒燃燒了起來，不也好事一樁嗎？於是珍妮佛發揮了本是業務的特長，與老闆娘聊上幾句並告訴她可代為在電子報裡與網友來個「好康鬥相報」。氣質親切、笑容可掬的老闆娘告訴了我一個愛的故事。

研習東洋花藝的她，與1/4日本血統的先生其實早在十餘年前即認識了，認識初始愛情的箭並未射穿兩人，彼此間只是朋友的朋友這種間接友人的關係，但愛情卻在十餘年後神奇的給點燃了，他們倆在品嚐由法國引進日本長崎的當紅炸豬排料理後，覺得太好吃、太美味了！何不學習去呢？於是學成日本長崎炸豬排料理的手藝，加上原來的東洋花藝本領，回到台灣除了開了「東洋軒」這家店，平時她也開班授課美的花藝，過著夫妻倆共同創業的幸福日子。珍妮佛告訴她，難怪老闆娘的氣質不同於一般餐廳的老闆娘，不是那種站在櫃台買單、臉上職業笑容的樣子，而是一種粉幸福的溫暖感，而老闆總是客客氣氣的問客人，還要不要再加飯、加些高麗菜絲呢？

愛的回憶裡有兩人共同學習日本長崎豬排料理的身影，愛的現在式中有著兩人共同創業的成果共享，「愛在東洋軒」是珍妮佛的感受。親愛的，你覺得呢？要不要親自與你的伊來一趟「愛在東洋軒」呢？

第二篇

占星諮詢分享

王蓮曄心靈畫作—淚雨

月亮的光與愛

照亮著母親與女兒

　　慧是珍妮佛諮詢室母女檔的媽媽，采是慧的女兒，半年前母女在朋友介紹下來到珍妮佛諮詢室就全家人的個人星圖了解性格原型、命運原型與流年運勢。慧的女兒雖貼心可愛，但畢了業工作卻不順遂，離開原來服務的公司後，一直處於待業狀態中，生活在不積極找工作與找工作再說的時光中流逝，慧心疼女兒在前次工作中的際遇挫折，擔心過度督促女兒找工作，會讓女兒誤以為媽媽太功利於世俗與物質的認定，又煩惱不督促女兒只會讓女兒有更多依賴與怠惰的空間，左右為難極了！於是慧再度問珍妮佛：「她該如何開導與鼓勵女兒走出依賴呢？」

　　珍妮佛告訴慧：「為孩子擔憂又心疼孩子，當母親不容易呀！在你與女兒的合盤中，我看到了：女兒與你之間本有靈魂宿世家人的緣份，這一世你會以超疼愛女兒、為女兒的社會成就擔憂及為女兒而耗損資源來共修你倆的靈魂業力課題。如93/9～94/10你曾為女兒特別煩心，則97年的你這課題將再度被行運木星帶動出來。不論這課題是你喜歡或不喜歡的惠與債，你都必須接納它的存在，才能坦然些的看待所愛之女帶來的負擔與溫情是共存的。

女兒以行運運勢論：

1) 行運土星獅子在三宮，形成一股對外溝通與互動的封閉能量，易裹足不前的把自我封閉在小圈子裡；行運土星獅子又刑剋工作宮（健康）的水星與天王星天蠍，本易在工作意願、信心上自我設限及外在際遇處處不順，另，身體健康也要小心突發怪病。因此，在96/8前的她要有好的工作機運並不容易，但這並不意味著這是讓她怠惰的理由或你特別包容寵愛的藉口。

2) 建議：如果女兒找到工作就去做，不要挑剔與計較可能的結果又是際遇不順，磨練對年輕的她來說非常重要，因為她本命土火刑又木火刑—這一生本需經歷野心很大卻易事與願違的做不出什麼成就來的挫敗與沮喪的人生課題。目前，如果真的不想出去工作，至少要去上些設計或心理課程，把生活過的有目標、有行程的狀態，免得浪費時光又一無所成。

3) 96/9行運木星人馬合相女兒工作宮的太陽人馬時，只要積極且在96/8前有所自我充實的準備，將有工作上的貴人與外緣可好好把握。」

慧回信說：「珍妮佛，謝謝你的輔導，猶如一盞明燈照亮了我的心結，以往覺得沒有把女兒塑造到自信、堅定，似乎我是不及格的母親，實驗各種方法，總在歡笑與淚水間徘徊，如今感覺應該尊重生命的原型，我要做的只是努力輔導女兒的心靈去自我

突破和成長，我要跳出業力的漩渦，用微笑和歡喜心與女兒共修這一生，是嗎？」

親愛的，個人星圖上的月亮是我們與母親關係的能量表達，月亮落入的星座、相位與宮位，顯現著我們與母親這一世的關係將如何，當個人星圖的月亮與土星、海王星與冥王星有相位時，更意味著這一世與母親的緣份有著過去世的靈魂業力關係，業力可能是正業的祝福，也可能是惡業的重修，正業或惡業就看今生以怎樣的生活智慧去活化或超越了！慧本命月亮巨蟹刑家庭宮的土星天平、月亮巨蟹三合子女宮的火星天蠍，采家庭宮的月亮天平合相土星天平、木星天平刑火星魔羯，偉大的造物主透過兩人星圖各自的月亮能量，與合盤的月亮相位，顯示出女兒月亮相位裡的木星寬容與土星煩憂，正是母親月土刑、月火三合的能量表達呀！寬容、疼愛與督促、煩憂正是母女間要共修的靈魂課題呀！

慧是個在生活中相信佛法與願意靈性修持的母親，采何其有幸有這樣的母親，采的月亮天平顯現出母女倆貼心體己的一面，母愛—月亮的光與愛以天平所徵象的體己與貼心來表達，和煦的照耀著女兒的生命，木星所徵象的精神與物質的大方與寬容擴大了月亮的母愛，土星所徵象的責任與考驗，在母愛裡形成了現實的課題，刑火星魔羯的能量耗損演出了母女間在社會行動上共識的阻礙。珍妮佛衷心希望采能夠走出自我封閉的生活，不論要不要工作，至少為自己規劃些學習課程，加強設計實力與經驗或心理自我建設，才能在現實挫敗的磨練中為自己建立本命木火刑最需要的世俗成就的動力，跳出在空想與依賴中徒浪費時光的生命限制。

台商妻的怨懟

命運怎這樣呢？

「十個男人到大陸，9個男人淪陷在二奶的懷抱，那僅剩的一個男人為何沒淪陷呢？因為老婆跟著去呀！」這是珍妮佛諮詢室裡與兩個台商妻的對話，說得誇張但卻真實的苦澀呀！

商人的考量是哪兒有賺頭哪兒去，由不得現實的必要選擇。台灣中小企業多半是夫妻胼手胝足的奮鬥出一片天，但當現實情境來到台灣工資相對高、工廠管銷相對大，而對岸的低廉勞工、寬闊廠房、稅賦政策性的優惠吸引時，哪個台商不去呢？但妻子基於家庭照顧、子女教育或台灣公司的管理，留在台灣的大有人在。

當諮詢個案坐定下來，珍妮佛問：「現在的你有遇到來自先生的情愛背叛嗎？先生在大陸淪陷了嗎？你有考慮去大陸定居嗎？」當事人苦笑的點點頭說：「是我的命運合該如此嗎？還是我先生合該如此呢？」珍妮佛回應：「夫妻本是共業的同修者，他的婚外情不也是你不願意卻得面對的課題嗎？你不就是那個被迫共同參與命運演出的重要關係人嗎？」

先生的星圖在5年前引動行運冥王人馬入6宮刑9宮的火星雙魚，現在即將來到行運冥王人馬對相12宮的金星雙子，看得出來5年前當行運冥王人馬刑火星時，先生在情慾被引誘的情況下，

掉進超年輕二奶的溫柔鄉，現在二奶是甩也甩不開的攀著這能帶來巨大經濟利益的台商老男人，台商老男人在超年輕二奶的情愛與情慾網籠罩中，又掉進了行運冥王人馬對相金星雙子的情愛糾葛，處於妻子與二奶兩個都要、三角關係大糾葛期間。

妻子的星圖是金星雙子逆行在12宮，終其一生難以在愛的需求上得到靈魂的滿足，期待愛人能愛自己、以不打擾的方式來陪伴著自己於愛的心靈密室中，但愛人終究會受不了這樣的需索而離開，讓她獨自去面對愛的空虛與失落。另本命月亮雙子在12宮刑9宮的火星雙魚，偏巧先生的火星即是雙魚，活生生的現實演出是先生在9宮所徵象的異國（大陸）婚外情慾課題，正是攪得妻子十分不安與憤怒的月火刑能量呀！

珍妮佛每每在諮詢個案的各自星圖與合盤中，看到老天爺以出生年月日時分與出生地所設定的生命劇本之情節，竟是這樣真實又貼近占星學理的演出，不由得以更謙卑的心情來看待星圖裡所蘊藏的能量，真的是要懂得修心去慾，才能跳脫擺明一定會在行運引動而發生的爛戲碼。

另一位陪伴來諮詢、走出被先生在大陸的混亂桃花所傷的台商妻勸諮詢當事人說：「要懂得放下怨懟與憎恨，這是你先生的情慾功課，也是你不得不共同面對的婚姻難題。既然珍妮佛從星圖上看到眼前的糾結最快也要97年才了，現在的你就是恨死了、怨死了也沒用，倒是應多花些心來過你在大陸的生活，安頓好孩子、守著家、好好愛自己。男人嘛！昏頭轉向時任憑妻子再賢慧，偷來的總是比較刺激，更何況對方又那麼年輕，老男人很難

抗拒年輕女啦！只有到他為這女人付出慘重代價時，才會清醒過來啦！」

珍妮佛告訴兩位同是被先生的爛桃花所傷的台商妻說：「生命唯一要處理的個體是自己，當所有不想要的、不願意發生的事件到來時，正是老天爺逼我們看清命運真相時。這也是為什麼心靈的提升如此重要，只有提升過的心靈、轉化後的心識，才能不掉入人性底層的貪瞋癡慢疑，遇行運剋相時才不致於亂糟糟的被事件給吞噬了。當然，頭腦知道要放下是容易，心念上要能放掉卻不易，唯有肯誠心的走進靈性修持，生命才會再度出現曙光。」

珍妮佛知道對陪伴前來的台商妻來說，她已了悟且實踐著靈性修持的日課，漸漸的放掉許多對丈夫的怨懟與憎恨，而對諮詢的當事人來說，台商妻的心靈功課才正開始呢！願不願意走入它、修持它，就看個人願力了！

共業探戈

人際緣份

　　當國標舞中的俊男與美女扭動著性感的身軀與韻律的舞步時，兩人共舞的曼妙往往令觀賞的人讚嘆不已，這充滿了藝術美與身體美的舞姿，是男人與女人共舞的魅惑，也是身體藝術表演的美。冷靜地想，生活中的飲食男女，不也時時刻刻的在親密情愛關係中演出命運的共業探戈嗎？共業探戈舞步的激昂與炫麗，精彩處不會輸給國標舞的華麗；共業探戈舞步的快速轉折與變化，帶給當事人的驚訝絕不會輸給國標舞帶給觀眾的震憾。

　　珍妮佛為什麼以國標舞來做為男女情愛關係中的共業探戈比喻呢？近日內幾個愛情合盤的個案諮詢，珍妮佛在兩人的星圖上，看到了各自行運的變化與衝擊，更巧的是，男人的課題在女人的星圖上同步地啟動著；女人的行運困難在男人的星圖上，也以類似的情境上演中。

　　雯是珍妮佛諮詢個案中的舊識，當她以個人的直覺想要結束一段情感時，她發現現實生活裡的糾纏，讓她一直沒有辦法結束她想終止的關係。因此，透過珍妮佛愛情合盤的諮詢，是她迫切需要的心靈指引。當雯坐在珍妮佛諮詢室，聽到兩人的情愛互動竟與珍妮佛解析的兩人星曜相崁後的祝福或麻煩相吻合，雯專注地聆聽著；接下來珍妮佛告訴她，目前行運與兩人合盤間的能量

流，在未來的兩年內將以什麼樣的型態演出，明白情愛的共業探
戈中的現在進行式與未來進行式的舞步將如何，舞步中的錯亂與
糾纏，反是她最應發揮內在智慧去處理的情愛課題，警訊的覺察
讓雯清楚地知道目前她的處境、她與他的情境、她應該在哪些地
方說不的堅持、在哪些地方善意的拒絕，以最不傷害對方的方式
去終結這段情愛。

　　靠是珍妮佛未曾謀面的讀友，大年初二晚上以焦急的語氣預
約了開工後的愛情合盤諮詢。面對著交往十年的男友即將因公務
赴大陸就業，靠無奈又徬徨，難道相愛的兩人註定要被現實給阻
隔嗎？論及婚嫁的現實情境卻又不如她期待的狀況，唉！煩咧！
當珍妮佛合出兩人星盤後，愛的進行式的確是受制於外在現實的
因素—男友為事業的考量遠赴異地、男方的家庭給女方帶來的姻
親壓力；愛的未來式卻潛藏著峰迴路轉的生機，就看兩人能不能
通過行運土星獅子剋相的現實阻隔、行運天王星雙魚所引動的情
愛動盪了！過得了這一關，未來不必然是絕望的休止符。

　　《人際緣份占星學》是占星學理中相對艱難的部份，除了男
女兩方的性格原型要能掌握外，還要看兩人合盤星曜相崁後的關
係型態，男方與女方的性別差異對應在太陽、月亮上所反映的能
量關係，更有著陰陽協調或陰陽反轉的差異性；而兩人合盤後與
天象行運的流年盤，又是另一種星曜相崁的能量流了，這也是為
什麼韓良露老師把人際緣份占星學放在高階課程的原因囉！珍妮
佛很幸運的在逐步穩健的學習與諮詢個案累積裡，當課程進入人
際緣份占星的教導時，解析起《愛情合盤》相對順暢囉！

　　珍妮佛在雯與霏的諮詢裡，看到了兩種不同型態的共業關係。前者是雙方在情愛中有著金錢與權力糾結的共業，後者是有情人能不能通過行運剋相的馬拉松考驗，不管愛情裡的共業探戈將如何？珍妮佛衷心期待雯以個人的清明與覺察跳出共業糾結；霏能以精誠所至、金石為開的期許，但又信任天意的心情來期待兩人可能的結果。

　　親愛的，不論你是身在愛河裡的幸福男或快樂女，或現在的你是愛情裡的執著族或逃脫者，愛情是世間男女在情愛與情慾的互動中，演出自我星圖上共業關係的人生戲碼之一，生活裡若不是這些由重要他人來與我們演出的人際關係，哪來的共業呢？少了共業，個人星圖上的刑剋或吉相，又怎能演出活生生的能量呢？

命運低潮該如何？

接納

　　美是個貼心體己的妻子，也是先生事業上重要的幫手，承繼家業的夫妻倆十多年來努力勤奮的工作著。原本順利且跳躍成長的家族事業，怎料在兩年前開始不順的走下坡，即便轉型也是投資多多卻回收少少的不見好轉，這兩年先生的身體也不好，焦急的美鼓勵先生一起來聽聽看珍妮佛的占星諮詢怎麼說。

　　當珍妮佛接獲美的諮詢委託，不知怎的心裡的壓力好大，因為珍妮佛猜想，美應是珍妮佛電子報的長期訂戶，對占星諮詢裡所欲傳達的精神與內容應有些概念，但美的先生就不一定能接受以西洋占星為切入的論命諮詢囉！也許會覺得浪費金錢呢！更何況珍妮佛所說的星圖解析，關係著一個男人對事業的激情與事業所隱含的財富成就感呀！

　　當珍妮佛撰寫美的先生之諮詢報告，左思右想的深怕有所遺漏，也擔心忽略掉星圖上可以有的事業生機或應避開的經營火坑。還好平日把占星當日課的用功經營，當靜心祈禱地對看不見的神說：「請賜予我智慧洞見來幫助事業正處於低潮的家庭，讓我所觀照的星曜能量運作貼近於過往事實、現況與未來推估。」沒多久，靈感來了！一氣呵成的完成占星諮詢報告的撰寫，看看電腦上的時間標示，足足用掉兩個小時。

　　占星諮詢報告中把事業運勢拉回16年前來觀照，也就是行運天王星在魔羯、寶瓶到雙魚影響的期間，珍妮佛看到了曾經輝煌盛運的事業是美與先生共同打造出來的果實。當行運天王在魔羯時是承繼家庭事業的打理期；當行運天王在寶瓶應是夫妻倆創意出擊的盛運期，不但公司營運順暢、貨流通達，更能置產呢！但當命運計時器來到了天王在雙魚、行運冥王在人馬時，天王雙魚衝事業宮的太陽與冥王處女、行運冥王星人馬入命宮又來刑剋事業宮的太陽與冥王處女，殘酷的宇宙能量正毫不留情的吞噬與摧毀著曾經風光的事業。

　　珍妮佛看著夫妻倆的焦急與無奈，回想起十多年前的自己也曾與先生走過創業的重大虧損，當年因不明白占星學，日子在糊塗中混過，搞得房子、存款沒了還幾度被迫搬家，生活的尊嚴被命運踐踏到最低點，常常暗自哭泣的不知明天將如何。珍妮佛告訴美與他的先生：「臣服與接納命運殘酷的現況是很困難的，但也只有懂得減少作為的把虧損降到最低，以少賠就是多賺的心情來渡小年，待行運過後，自然可以擺脫現況的停滯與虧損。若要轉型或許可以考慮……，身體健康不佳不就反映著事業不順的能量嗎？老天爺的旨意或許要你們明白，該是調整無意義的在事業低潮中打轉的時候了！停損未必不是現階段明智的作為。」

　　年輕時珍妮佛因少年得志而不懂得惜福，中年前期著實的在創業路上粉身碎骨的耗盡元氣，當年屆38歲高齡的再度回歸職場，配合行運天王在寶瓶的演出近7年的媒體業務主管職。當行運天王進雙魚，生命自動展現天威的換了個風景，在神秘學的領

域裡暢快演出。自身的經驗對照個人的星圖、觀照不少他人的星圖，更讓我對生命自有其方向、靈魂自有其選擇有著深切的尊敬，所以在占星諮詢的過程裡，盡可能的讓當事人明白接納命運是一種有智慧的生命學習，唯有透過接納的不抗爭，才有能力與智慧的渡過生命的低潮，唯有知命之後的有意識配合命運演出，才能在事業衰退、工作失衡、情愛受傷、家庭失和、子女脫序、果報騷擾等一切你我不願意接納的事件中，看清災難背後隱藏的意義與找出被我們忽略的禮物。

　　親愛的，神送禮物的方式很特別，祂可以讓你在風光中享盡榮華富貴而自以為是，也可以讓你在窮困潦倒中領悟生命無常而自省，通常我們喜歡前者、討厭後者，但前者或後者何時演出卻不是你我能決定的，因此承擔命運低潮跟享受命運高潮一樣，不都是接納嗎？

前世情今生還

祝妳幸福

　　珍妮佛e-mail中，芬提及無意間在網路上看到珍妮佛兩性情愛系列的文章，深有同感，信中的文字透露著愛情現況的無奈與無力，問珍妮佛應以何種方式來諮詢解惑呢？困惑的芬在珍妮佛建議的諮詢中選擇了「愛情合盤」，依著芬所提供的雙方基本資料，珍妮佛再一次的參與兩性情愛的諮詢與愛情為何物的意義探索。

　　珍妮佛透過雙方星圖的合盤，看出了何以芬如此看重這段延遲等待與不明朗情愛的關鍵，也看出了芬何以無奈與無力的酸楚。一個多小時的諮詢談話裡，除了珍妮佛以占星學理之愛情緣份解析外，芬以太陽人馬的開朗、月亮寶瓶的理性娓娓道出愛情之路的心情。其中因珍妮佛點出了兩人必有前世牽扯情緣，芬敞開心房地告訴我一段前世情的故事。

　　一年多前的她，當愛情來到了谷底深淵般的痛苦時，透過催眠看到了原來心所掛念的伊，前世與她之間竟有著兩世的情愛牽扯。第一世的伊是個擁有後宮佳麗無數的君王，當芬香銷玉殞後，君王才對著她冰冷的身軀表達深切愛意，後悔未能在芬生前好好疼愛她的伊允諾來生必還這段情。第二世的輪迴中，芬卻看到了她最不願意的情緣關係，允諾照顧芬的伊竟成了芬的父親，要男女情愛、不要父女之情的芬，憤怒且揚長而去地拋開了老淚

縱橫的父親。第三世，伊就是芬交往了五年的男友。芬表示，初相識時伊即對芬一見鐘情的展開追求，沒想到被追求的嬌寵期過了後，互動過程裡她總是扮演著等待愛情與看不到愛情結局的酸楚者。伊心情不好時找她傾訴，她可人而溫暖的陪伴著伊；她想找伊時卻得看伊心情好不好，不平等的愛就這樣淒風苦雨般地耗了五年，她覺得男朋友對她來說，太模糊了、太曖昧了！她不知道還要等多久，才能有個明朗的結果，明知結果不看好的她，卻怎樣也沒辦法停止對伊的付出。

珍妮佛很驚訝於諮詢報告中點出的前世牽扯情緣，竟是芬已透過催眠了解的情境。因著這樣的前世情緣牽扯，珍妮佛開導芬，既是前世情，就當今生還吧！兩人的愛情合盤顯示，伊處女座的火星、冥王與天王恰恰落入芬的12宮刑芬本命3宮太陽人馬，弔詭的是，來自果報宮刑剋的力量，卻與芬命宮冥王天平、5宮的月亮寶瓶與伊落入芬9宮的太陽、木星雙子之三合能量同時並存，一方面伊是芬生命中打開視野的知性愉悅愛人，一方面又是芬今生得承受的前世冤親債主。知性愛人與冤親債主的角色同時纏繞著芬，攪得芬心煩意亂。再看伊的星圖，命宮、家庭與婚姻三方的嚴重刑剋，難怪伊始終是個只享受情愛卻害怕承擔愛情責任的男人，再看芬來問事的天星卜卦盤，星盤顯示所問之情愛事不利也！唉！如不把這段情看成「前世情，今生還」又怎能了脫其間的酸楚與無奈呢？

芬的本命流年恰好行至命宮，流年木星引動本命冥王星的力量，鼓動著芬想活出不一樣的自我，也許是這股力量促成了芬

與珍妮佛進行愛情合盤諮詢，理解愛情合盤諮詢中雙方星曜能量相崁相攝的演出後，月亮寶瓶理性的芬有了進一步的清明，知道「前世情，今生還」是她必然的愛情功課，了悟要走出關係的迷霧，才能找到屬於自己真正的情愛幸福人生。珍妮佛鼓勵芬，人生有著無限的可能，走出卡住的情愛關係，方能為自己創造新契機，愛情的鑰匙始終在自己手中。「祝你幸福」是諮詢尾聲珍妮佛送給芬的話語，芬會心的點點頭。珍妮佛衷心期盼芬早些啟動幸福情愛的鑰匙。

枯死的愛

被迫經歷的情愛蛻變

　　愛情死去了嗎？那個曾經對你展開熱切追求且進入婚姻關係的他，現在卻對你冷冷的無動於衷嗎？你的存在彷彿只是他愛情與婚姻路上的一個過去式、一個發霉的現在式、一個看不到解凍可能的未來。你不解曾經熱切的愛何以變成枯死的愛嗎？經歷枯死的愛帶來的無奈與沮喪，逼迫著你放掉這份過往的愛嗎？你怨嘆造化弄人的殘酷與無情嗎？

　　甜美的少婦眉，一臉清麗、脂粉未施的坐在珍妮佛諮詢室裡那張專屬當事人的椅子上，喝著茶的眉開始說著她為什麼來找珍妮佛諮詢的原因。眉說：「在這之前，我已經花了很多錢找人算命、問卦、甚至求助通靈的，想知道為何婚姻情愛至此，而明天又將如何？但是我很失望那些算命問卜或求神通靈的經驗，並沒有為我帶來經歷過的事實理解，再加上最近營運的生意停滯不前，很擔心再這樣下去，混亂與恐懼的狀況只會愈來愈糟。本來想找××塔羅占卜，但有一天在網路上不經意的看到珍妮佛的文章，直覺的告訴自己可以來到這兒。」

　　眉諮詢的項目是塔羅牌占問感情，熟悉占星的珍妮佛自然也幫她Run出個人星圖的看重點行運。一眼看到的除了是一個當下正受苦於行運土星獅子進駐工作宮的鬱悶工作者外，本命夫妻宮

的月亮獅子刑事業宮的海王星人馬、月亮獅子刑金星天蠍、金星天蠍又對相土星金牛形成T-Square剋相，當94/7/17～96/9/2間行運土星在獅子時，她所要經歷的行運課題即是親密關係與事業的枯死煎熬。現實際遇裡，事業上正逐步的面臨海王星所徵象的超越性事業理想將幻滅於月亮獅子想當家做主的喜好；婚姻情愛在婆家長輩的介入與前夫草率的任性下，已被迫慌亂的簽字離婚；她好不容易克服的情緒鬱悶卻在營運的店面生意清淡下，更形沮喪與擔憂。怎麼所有煩心的事一股腦兒的攤開來，讓她一點喘息的空間也沒有呢？

塔羅牌占裡，眉是個在愛情上受人歡迎的魅力可人兒，眉對前夫仍充滿了愛的期待，只是愛的明天裡，眉面對的前夫卻是個做事超速且不按社會常理常規來回應的男人，兩人間被現實的困難給阻隔著，短暫的未來將經歷著更多的煩躁與衝撞，眉所期待的解脫或緩和恐怕是一個奢求的幻滅。

珍妮佛告訴眉：「既已簽字離了婚，就讓自己勇敢面對感情枯死的事實，縱然你仍有愛，但外在的現實環境與壓力卻不利於你，與其苦苦等待枯死的愛反轉回春，不如許自己一個走出去的明天；事業上的夢今日不能圓，並不意味著他日不可行，不要硬拿手中的積蓄與行運威力逆向操作，給自己留一些本過生活，也許是背運中最聰明的無為智慧。更何況老天爺賜給你甜美的臉孔、均勻的身材、站上講台條理清晰的組織領導魅力，你知道這是多少女人渴求與羨豔的嗎？奧修說：『我們總在期望中與渴望中的我，不滿意於原本的我，人類的一切煩惱皆來自於渴望與真

實的落差。』個人星圖上的好與壞必有靈魂選擇的理由，接納如實的本我，才不會不斷的批判、恐嚇、糟蹋、斷喪自己。」聽完珍妮佛說了這些後，眉預約了下週的占星諮詢，她準備給自己一個客觀的自我探索。

親愛的，如果許你與眉一樣嬌俏可人，卻栽在婚姻情愛裡失去了原本的美麗光華，請記得你的美麗是上天的恩賜，你的婚姻苦難也是老天給的情愛磨練，唯有通過它，你才能再一次的善用美麗光華而帶來幸福情愛；如果你與眉一樣口齒清晰、條理分明，請明白善用天賦口才的穩健、智性的篤實，才是創造事業成果的動力，唯有拾起它，你才能給自己一個踏實的生涯。

親愛的，塔羅占卜給你的是事件的真象指引，牌陣裡的喻意是你高層的自我給你頭腦自我的指引，占星給你的是一個客觀的性格觀照與現實行運的趨勢探照，兩者都只是工具，重要的是正視你對自我的接納與尋回愛自己、發揮自己的動力，唯有此，塔羅問事或占星解讀，才有存在與運用的價值喔！

暗夜海礁

等待黎明

　　星是珍妮佛諮詢室裡以苦笑取代眼淚來調侃自己的女人，不顧家人反對硬是要嫁的先生，新婚不久即劈腿外遇，孕育的胎兒也沒保住，先生對外遇存在的事實一副不然要怎樣的態度，眼看著這段變質的婚姻再怎麼經營下去，也不會好到那裡去，問過的算命師勸說：「想離婚，就離婚呀！何必委屈自己呢？」可是心裡的聲音卻告訴她：「愛應是包容與擔待，難道只有離婚一條路嗎？」兩個不同的聲音時此起彼落的在耳邊擾嚷，對婚姻極端困惑的星，決定透過個人星圖的觀照，客觀且誠實的面對自己，釐清婚姻困境、做出選擇。

　　本命月亮雙魚落入十二宮刑海王人馬、三合天王天蠍、刑太陽雙子，冥王星天平落夫妻宮三合太陽雙子，單從主宰星圖的關鍵陰陽能量星曜—太陽與月亮，珍妮佛明白星是個成長在父母長期內耗與不和婚姻中的脆弱小孩。月亮的能量，明顯的看出星總是習慣性的躲在神遊太虛的心靈世界，以躲藏的方式來逃避家庭所帶來的情緒困擾；以同情母親卻又幫不上忙的無奈來看待母親的遭遇；以身體過敏、呼吸道經常性的感染來喚起父母的注意。太陽與冥王星三合的能量，成長過程中對父親又愛又怨的糾葛情緒，讓她自然的轉而尋求一個值得景仰的男人來連結，在往來的

男人裡，星選上了傑出且顯眼的男人，她以為走進婚姻的把自己交付給顯眼男人，即可擺脫原生家庭傷痛的無助，沒想到命運殘酷的逼著她，新婚即是心碎的開始。

星的個人星圖暗藏的命運計時器，早已準備好在流年木星天平在婚姻宮、行運土星巨蟹駐留家庭宮時，來演出冥土刑的超級業力惡報，偏巧星本能的執拗恰恰選擇在最天不時、人不和的時間點走進婚姻，直接迎合了命運計時器的啟動，演出命運計時器送來的殘酷業力課題。

本應哭泣的星，為何換成苦笑的調侃自己呢？本命月亮雙魚三合天王天蠍、刑海王星人馬的能量，老天爺讓星一方面可以犧牲與包容來承擔婚姻困境，一方面也可以想得開的不鑽牛角尖，能夠比較坦然接受與別人分享最具排他性的親密關係之性愛、金錢與權力之辛酸。

諮詢行進間，星始終沒有掉下一滴眼淚，珍妮佛明白，或許淚已流乾、心已漸冷是星在暗夜海礁婚姻困境中的心情。珍妮佛鼓勵星參加身心靈成長課程來療癒自己，釋放過往原生家庭的創傷、婚姻困境的傷痛，透過學習與敞開來明白犧牲與擔待的價值、轉移現實生活的耗損、淨化靈魂選擇的課題，那麼黎明就在心境轉換時。

親愛的，暗夜海礁處處驚險，但珍妮佛相信等待黎明是星可以抱持的信心，透過自我的心靈釋放與成長，待陽光升起，或許海礁上的那艘危船該如何行駛，答案也出來了。

祝福星，在暗夜中仰望星空、等待黎明！

履霜堅冰至

見微知著

　　易經坤卦初爻：「履霜，堅冰至。」說的是當腳踩著地上秋天的霜降時，人們當知不久的將來即是嚴冬將至的酷寒，比喻人事上當有見微知著、一葉落而知天下秋的智慧，勿因惡小而為之，小惡不察必將釀成大禍。

　　珍妮佛諮詢個案中，印象深刻的是一個風情猶存、略見豐腴的中年女人芳，當她來諮詢時所面臨的危機，即是典型的履霜堅冰至的情境。芳曾經擁有過富裕的婚姻家居生活，幾年前先生事業翻了個大跟斗，帶來負債累累的婚姻壓力，感念夫家待其寬厚的恩情，芳選擇守著連帶債務的婚姻，為的是與孩子及先生守著仍是一家人的親情。幾年過去了，芳過著由奢返儉的生活，割捨華服美食，本以為日子可在平淡中平安的過著朝九晚五的上班生涯。怎知，也許是長久以來的婚姻與家庭生活籠罩在龐大的債務壓力、也許是中年危機帶來的騷動不安、也許是渴求情感撫慰的心過於乾涸，也許是……，太多的也許讓芳陷入了情感的蠱惑，同事似有若無的關心與照顧，撩撥著芳，情感的蠱惑猶如淹水人面對最後一根浮木的誘惑，讓芳差一點就迷失於外遇的邊緣裡。

　　另一方面，芳是個道德感強烈、自律且潔身自愛的女人，兒女的存在、婚姻的責任讓芳不能也不敢跨出外遇的邊緣，日子就

在不應該與渴望的綺想中反覆煎熬著芳，芳很痛苦、很責怪自己、很迷惘的與珍妮佛相約諮詢，想透過星圖上的能量解析來理解為什麼？出口在那裡？諮詢過程中珍妮佛明顯的看出，因流年木星引動的桃花能量及因天王星引動的果報騷擾，係芳當前面臨的人生關卡。珍妮佛開導芳，面臨情感的蠱惑並不可怕，可怕的是若有心跳入必當一失足成悔憾呀！這時最好的能量轉移莫過於移情於自己有興趣的嗜好或專長，藉以打發時間、消磨胡思亂想，待行運的破壞能量過了，身心的痛苦與煎熬自然會過去。

諮詢過後沒多久，芳傳來簡訊告知現在的她過得很好，情緒上已走出了迷失與困惑的騷動，原以為世上沒有朋友的她，再次的肯定了依然有人關心她。看到這則簡訊，珍妮佛很欣慰，若因諮詢之緣而讓迷失與痛苦的芳，了悟履霜堅冰至的道理，在生活中回歸正常，因理性的不陷入婚姻歧路而不招來悔憾及傷害，對自己、家人、另一個家庭來說，芳的作為值得肯定啊！

一葉落而知天下秋是履霜堅冰至的道理，勿因惡小而為之，勿因善小而不為是老祖宗告誡我們的為人處世之道，放諸於生活、事業、情感，無一不準也！珍妮佛相信老天爺不會虧待芳，真誠與善良的人必當有所回報的。

親愛的，或許你也曾經或即將面臨情感或事業上的蠱惑，請記得芳了悟出這樣的道理，你也能，履霜堅冰至是千古不易的真理喔！

觀樹悟菩提

即物即本來

　　易經課程王中和老師分享長期讀易經讓他悟出「觀樹悟菩提，見台了明鏡，即物即本來，法喜惹塵埃」的道理。點醒學生應明白「天理人慾同體而異用」，看清本體界的「海水」與現象界的「泡沫」原是不可分的同源同體，凡事才不致偏空，也不失於偏無，中道才是人生應有的生活態度。

　　韓良露老師教授的靈魂占星學，闡述個人靈魂此生進化的方式。揭示靈性成長的法則不盡然與物質世界的法則相同；靈魂的欣喜與痛苦，不盡然等同世俗心的標準或認定。

　　珍妮佛發現紅塵俗世中，大多數的人習於在混沌中過日子，就算遇到了命不濟、運不順，頂多找個算命的解解心事，企盼命運的審判中能有奇蹟出現，早點脫離衰運與困頓的日子。只有少數的人，願意臨空觀照自我的生命藍圖，往內探索何以如此的癥結，誠實的臣服生命的現象、接納靈魂的選擇、了悟地球修道的學分。

　　珍妮佛諮詢個案中所遇見的心境悲苦、情愛創傷、家庭傷疤、事業失志、憂鬱、躁鬱、憂躁鬱、子女脫序、婚姻出軌、無意識折磨等等相當頻繁。每一個個案的當事人雖所處情境不一，但皆不脫無盡的痛苦與煩悶。

　　淨是珍妮佛網路上的忠實讀友，當她e-mail預約諮詢、簡述個人困惑時，珍妮佛意識到這是個充滿悲苦的女人、妻子與母親，還好淨長期浸長在佛法的修持，能夠挺住的熬到現在，不容易呀！當淨依約前來，淨問：「我如此用功的修行，為什麼生命還是這麼墮落與悲苦呢？」未曾接觸佛法知識修的珍妮佛，不知佛學的觀點為何，但從過往諮詢的經驗與觀照星圖的心得，告訴淨：「靈性成長的法則不是我們能用頭腦邏輯去看待的，你覺得安逸於微風廣場、Sogo百貨購物血拼、高歌於錢櫃KTV，一定是生命的福報嗎？悲苦於現實人生所領悟出來的生命意義，是生命墮落還是靈性成長呢？」也順道與淨分享「觀樹悟菩提，見台了明鏡，即物即本來，法喜惹塵埃。」的明澈意境。佛法修持多年的淨，懂了！

　　珍妮佛每接觸一個諮詢個案，對照個人星圖中所隱藏的星曜密碼，常感慨上蒼何其殘酷、靈魂的選擇何其不堪；再看個人星圖中所隱藏的恩賜福份，又會對生命的劇本、靈魂的藍圖起敬畏心。因為，曲曲折折、千轉百迴間，生命行進間所有的風雨及雨後的彩虹，何其奧妙啊！一切的一切不是世俗心能完全明白與領悟的呀！

　　親愛的，占星諮詢的意義，在於透過星圖的觀照，讓你明白星曜能量背後的意涵，幫助你放掉自我的罪惡與否定，願意接納現實的困頓與坎險，重新尋回生命初始的勇氣與信心。

　　親愛的，珍妮佛期盼淨在悲苦中愈挫愈勇，完成此生應有的靈性學習與成長，也希望正痛苦於人生迷惘的你，尋回生命初始的勇氣與信心。

不要與命運抗爭

抗爭徒增動盪

「去到海邊，看看海，有無數的波浪在那裡，但是在它的深處，海洋是平靜的，處於很深的靜心之中，那個動盪只是在表面，海洋與外在世界的風相會只是在表面，否則在它本身，它一直都是保持一樣的，甚至連一個微波都沒有，一點改變都沒有。」

「你也是一樣，你只是在表面和別人相會，在那裡有動盪、焦慮、憤怒、執著、貪婪和色慾—只是在表面上風來碰觸你。如果你停留在表面，你沒有辦法改變這個變的現象，它還是會在那裡。」

「有很多人想要在那裡改變它，在外圍的地方改變它。他們跟它抗爭，他們試圖不要讓波浪產生。透過他們的抗爭，甚至有更多的波浪會產生，因為當海洋跟風抗爭，將會有更多的動盪，如此一來，不僅那個風會幫助它，海洋也會幫助它—在表面上將會有很多的混亂。」摘錄自（奧修出版社，奧修著，謙達那譯，「花落繽紛」）

奧修說的這三段話讓珍妮佛想起不要與命運抗爭，也許你會說：「人定勝天，難道要讓自由意志被擺佈於命運的枷鎖中嗎？不與命運抗爭算那門子話？宿命不就是對命運棄械投降嗎？」事

實上，每當珍妮佛告訴前來諮詢的當事人「不要與命運抗爭」並不意味著「知命」的珍妮佛鼓勵個案「宿命」或「認命」，而是期盼當事人能以一個更抽離的觀點，明白與命運抗爭徒增困獸之鬥的泣血漣漣，懂得臣服於天意的謙卑，在命運乖違時看清自身的處境，從乖違的困境裡找到生存的平靜，待行運過後，自會發現在困境裡不抗爭會比抗爭所受的傷來得輕些。

親愛的，天體運行所引動的個人星圖剋相，哪裡是個人小我的意志可以翻牌的賭氣不認呢？年前諮詢個案麗頻頻問珍妮佛：「難道我錯了嗎？為什麼我不能現在就要到我想要的…，為什麼別人可以輕鬆的得到她們想要的，而我卻得忍受眼看到手卻又落空的錯愕呢？是不是我根本不該要…我應該務實一點的放棄嗎？我很不甘心耶！」有趣的巧合是當麗在珍妮佛推介下選出4瓶Aura-Soma靈性彩油時，藍色與紅色是個凸顯的色彩，巧妙的對應著麗的星圖行運課題。

珍妮佛告訴麗：「從你星圖上的星曜能量流，明顯的看到現實與理想的不調和是你必須經歷的行運主題，務實的追求世俗成就或利益是一件好事，但當天時不允許，硬是與老天爺抗議只會讓自己更挫折喔！從Aura-Soma色彩中的藍色，我看到了貪求是你現在的困難，這個貪求並不是說你人心不足的貪婪，而是說你太過期待現在不屬於你的東西，而Aura-Soma的紅色凸顯了你正在強烈的抗拒，抗拒現實層面的現況不是你要的，更憤怒現實面的結果不該是這個樣子。」聰慧的麗，聽懂了！淚水流過臉龐，帶回Aura-Soma勤快使用後的兩週，麗告訴珍妮佛：「不知是不是因為

她很乖的勤快使用Aura-Soma靈性彩油，她發現自己想通了，也漸漸的因平靜而再度有一種對未來樂觀的隨緣感。」

　　親愛的，時間未到的果實是不能勉強摘下來的，它不但不能吃，還苦澀不已呢！不要與命運抗爭那個現在不屬於你的東西為何不能實現喔！如同奧修大師說：「當海洋跟風抗爭，將會有更多的動盪」，當你處於命運低潮或乖違時，最高的智慧就是面對它、接納它、從它帶給你的磨難中找出平靜自處的詳和。

第三篇

塔羅諮詢分享

塔羅再精進

再探源頭

　　研習神秘學是珍妮佛轉化中年危機、踏上靈性之路的知識
修，透過學習式的知識汲取、自身生活的對應與諮詢個案的經驗
累積，珍妮佛歡喜於日新又新的注入內化與成長新動力。

　　當行運天王星一進雙魚的靈性國度，開啟了珍妮佛受教於王
中和老師的占星大道，化繁為簡的切入龐雜的占星學理架構；當
行運冥王星三合本命天王星時，珍妮佛成了韓老師占星進化學院
的一員，在長達3年200多堂課的占星課程裡，耐心的填滿細膩豐
厚的占星知識。這一趟占星之旅，有天王星的引領創新與靈性開
悟，有冥王星的生命轉化與靈魂洗滌，更激發出本命海王星三合
水星的靈性寫作潛能。以生命的旅程而言，雖失去了正規的職場
薪資，卻賺取了浩瀚寶藏般的宇宙知識，值得！值得！

　　跟隨兩位老師的學習，讓珍妮佛在名師的知識與風格間左右
逢源。前半生職場上長期的口語表達與組織能力訓練，及自身大
巨蟹善於付出關懷與愛的特質，讓珍妮佛很快的掌握到一對一的
心靈諮詢工作應有的助人技能。就這樣，日子在自我實現與進步
的喜悅中忽焉而過。其中，隨之發展出來的「不具干預性的靈性
療法」——Aura-Soma靈性彩油身心靈諮詢，也在自身與個案的使
用上，看見了靈性關懷的曙光。

　　執業以來，每天透過抽塔羅牌來體驗當日經歷的生活主題，幫助珍妮佛以切身的生活來體會，進入塔羅牌所指的心靈與生活喻意。但珍妮佛明白若能再有個好老師來引領，當更直探源頭、加速精進。當心裡有這個念頭時，心想事成的是，好一陣子沒開課的白中道博士竟然再度開課，珍妮佛速速報名上課去！因為珍妮佛相信縱橫中西神秘學的哈佛大學博士Douglass A. White，必然是那個上天為我安排的塔羅進階引領人，透過他對直覺塔羅牌解讀法、古埃及心靈塔羅牌、卡巴拉研究的綜合教導，珍妮佛定能直探塔羅源頭的再精進。

　　第一堂課尾聲，白老師讓學員各自抽牌問事。珍妮佛問塔羅：「請問塔羅我今生的靈魂本質是什麼？我將經歷怎樣的過程？我將可以擁有的未來又如何？克勞力直覺塔羅牌出現的三張牌及牌義解析為：

第一張　逆位盤之十　Wealth

　　這個靈魂對繁複的物質世界沒什麼樂趣，討厭動見觀瞻的權威枷鎖，也不想為了錢攀附在世俗的規矩與框架中，不會為了賺錢而委屈自己。（挺符合珍妮佛喜歡自由工作的特質）

第二張　逆位劍之六　Science

　　塔羅指出拋開邏輯式的分析，好好的開發與生俱來的直覺本性，是生命應經歷的轉折與蛻變。不要懷疑內在聲音的呼喚，跟隨內心的道路去走就對了！（直覺塔羅學的不就是開發直覺、傾

聽內在嗎？）

第三張　正位　魔術師

如果能跟隨著直覺來開發本性天賦，未來將像個掌握地球四大元素—地（物質）、水（感情）、火（行動）、風（思維）的魔術師，有機會像個智者一樣的悠遊在所了解的知識與直覺理解中來助人。（啊！哈！太讚了！）

白中道博士教導的直覺塔羅，直探22張大牌裡所隱藏的埃及神群、希伯來卡巴拉生命之樹奧義及地、水、火、風四大元素結合生命靈數的小牌，八堂課下來必然是個精湛豐富、奧義飽滿的塔羅探索旅程，當珍妮佛回過頭再來貫穿納蘭真所教導的克勞力直覺塔羅牌義，並融入自身日日體會的塔羅意涵時，塔羅之於我必是個善巧方便的神秘學好工具，對親愛的你來說，塔羅更是個你來諮詢時的靈性導師喔！

塔羅牌占看工作選擇（案例一）

篤定的迎向未來

　　職場裡的上班族忍耐著食之無味、棄之可惜，很想離職但又前景未明的鬱悶，當新機會主動上門來邀約，或是之前寄出的求職工作有了回應時，一下子選擇多樣了，反倒困惑著不知應選擇那一個新機會、新跑道，才是比較妥當的選擇呢？

　　了解諮詢者的諮詢動機與困惑後，珍妮佛建議當事人以塔羅牌占來看機會與選擇，各自對應的運勢發展將如何。除了塔羅的牌義解析，搭配珍妮佛以個人星圖的觀照來看工作運勢及流月運勢，再映證塔羅牌義裡蘊含的訊息，更能精確的推估與叩問天意。

　　案例一的塔羅牌占，以二選一的牌陣來看機會A與機會B各自的發展為何，吻合當事人處境的是當事人所處的現況出現的牌是劍王子Prince of Swords，隱含的意思為當事人目前是個有專業技術的工作者，兩個工作的邀約看上的是當事人的技術。

　　機會A的現況牌為水王子，珍妮佛說：「你對A的工作有著情感上的認同與喜歡，以情感的選擇而言，你傾向於選擇機會A做為下一個工作。」當事人回應：「是啊！因為我覺得在機會A的公司裡可以培養出目前我比較欠缺的經驗，又可以發揮我現有的經驗，我相信假以時日，當我想轉換工作時，在就業市場上我已

經具備了兩樣專業技能。」

　　機會B的現況牌為地公主逆位，珍妮佛說：「你覺得B的工作並不吸引你，你會認為那是一個還不成氣候的工作，要執行起來有些困難，結果可能也未必理想。」當事人回應：「我也是這麼想，因為我不是那麼有把握可以把那個工作做得出色、漂亮，而且對我來說，仍是現有經驗的延伸，就長遠的工作生涯之技能訓練與培養並無多大助益。」

　　機會A的未來牌為火王子逆位，珍妮佛說：「牌義的意思是你得了大頭病啦！你認為好的未必是可以付諸執行的方案，在工作上你會遇到諸多無法落實的困境，談了半天卻交不出成績的困難。」機會B的未來牌為劍之一，珍妮佛說：「這個工作是個新的組織，你將參與新組織運作的開創與革新，你可以運用自己的心智能力做工作上的發揮，召喚人為的力量來達成目標。」

　　塔羅牌占對照當事人的星圖裡蘊藏著工作環境轉換的能量，有著一則以喜、一則以憂的並存現象，樂觀與潛藏的破壞兩股力量同時存在，珍妮佛提醒當事人一定要注意工作環境中人與事相關的問題，面對改變後的適應亦要有先難後易的心理建設，方能在變動的考驗中，迎接待行運木星今年十月下旬進入天蠍座的來年，收獲辛苦經營的果實。

　　諮詢當天天氣冷颼颼、雨滴答滴答的下不停，但珍妮佛感受到當事人的心情不那麼猶疑不定了，雙方在雨聲中說Bye-Bye，珍妮佛心想：「生涯轉換的十字路口上，對年輕的當事人來說，正是學習社會能量之於個人星圖之交互運作的開始呢！」

塔羅體驗—殘酷Cruelty

自我懷疑的不安

上手術檯摘取乳房不名腫瘤的珍妮，看到醫護人員取出來的乳房腫瘤，除了圓滾滾外還向兩旁延伸出樹狀的枝幹，不免擔憂了起來，也很懊惱為什麼自己那麼沒種的不早一點面對現實把它給割了，放在身上養了三年的肥碩樣，若原本良性腫瘤質變為惡性腫瘤，也是活該。

術後護士預約了7日後的複診，一方面是傷口拆線，一方面是告知割除下來的腫瘤化驗結果為何。對珍妮佛來說，唉呀！一整個星期的健康倒數審判日，心情忐忑的如洗三溫暖。時而告訴自己星盤上的能量沒那麼凶、問手術結果的塔羅牌陣也O.K，吉人自有天相的不用擔心；但當想起了那割除腫瘤的肥碩樣，又不免自我懷疑、自我批判的充滿了內在的不安與不確定感。

紛擾的心情下，珍妮佛請塔羅來指點7日後的該日運勢將如何？我親愛的塔羅出示了小牌劍之九—殘酷Cruelty逆位。這是一張在正位時係火星在雙子座的能量顯現牌，牌面上九隻有缺口且看起來生鏽的劍以不同的長度往下垂，血從劍的底端往下掉，在背景中還有眼淚往下掉。（引述自奧修出版「直覺式塔羅」）珍妮佛抽到的是逆位的殘酷，依牌義解不就是不需自我懷疑與不安嗎？不需浪費身體的能量與活力在雙子兩端游離的頭腦而忐忑不安嗎？

　　照理說，塔羅牌已清清楚楚的給了我報告的結果應是「安啦！」的訊息，但攸關著自己寶貝般的生命是繼續或即將面對一串的抗癌治療，非聖人的我還是不安啦！有一天晚上還無聊的告訴先生：「若我不幸罹患乳癌先走，請他一定要好好的疼惜兒子、若有合適的對象再娶也可以啦！」說著說著淚水不聽使喚的流下來，先生的眼眶也紅了起來，空氣凝結在靜默中。

　　塔羅小牌劍之九，在健康占卜上有手術的意涵。經過了這次自身的體驗，珍妮佛完全明白逆位的塔羅小牌劍之九，除了是心境上走出自我懷疑與自我批判的感受外，內在的不安全與不確定感亦可因事情的水落石出而抖落，換來無事一身輕的心情，也代表了手術的結果是康復的開始。

　　當珍妮佛被醫生告知：「不用擔心，開刀腫瘤的化驗結果是良性。」啊！哈！珍妮佛彷彿中獎式的欣喜，因為我又可以繼續隨喜創作囉！

塔羅體驗看倒吊人

受苦下的蛻變

當泰利颱風以強颱之勢侵襲台灣這天，正是珍妮佛生活運勢牌陣中倒吊人對應的日子，原本允諾與友人餐敘的午餐約會，一早在風雨中取消掉；下午預排的占星諮詢也在早一天即體貼對方的換了時間，一整天的生活除了乖乖在家修心養性讀書、寫作外，啥也不能做。這張牌也是珍妮佛當年鴨子滑水、沉潛學習占星與塔羅時常會抽到的塔羅大牌，當時的體會真的很像直覺式塔羅牌（奧修出版，曼格拉著）書中所指—透過困難或受苦來蛻變。不舒服的內在運作過程、挑戰制約的模式。

更巧的是，這張Hanged Man倒吊人的牌，是原來要與珍妮佛一起餐敘友人的熟悉牌，當年的她只要一問塔羅工作運勢，屢屢賞賜她這張她最不願意看到的牌，顯示著她的生活裡充滿了被迫去經驗工作正以破壞的方式出現著，她必須藉著覺知痛苦來思考工作上舊有的過往模式已不再適合，而在沒找到新的工作前，她的生活彷彿吊人般的被倒吊了起來，但也因為是倒吊著，她更明白透過工作上的困難來學習與成長是一段必要的自我旅程。

當年的珍妮佛正經歷著一段人生重大的中年轉換，除了少數知交與家人知道珍妮佛正潛心研習占星與塔羅外，辦公室裡看起來職稱與工作不變的珍妮佛日子一樣過，每天享受主管特別為我

加料的自由心證權威大餐。以占星與塔羅薰習著自我心靈改變的珍妮佛，在那段長達一年半的時間裡，悄悄的把生命中的靈性之光帶進職場存在中的黑暗面，轉換自我看待職場角度的珍妮佛，以足夠的距離看清職場的把戲、洞悉辦公室動物園的權威遊戲，進而在時間到了之後，擺脫了權威的踐踏而有尊嚴且瀟灑的離開。

　　過往的這段職場歷程，讓珍妮佛看待塔羅牌倒吊人Hanged Man的心情格外親切，因為珍妮佛明白倒吊人的世界中其實蘊藏著無限潛在的蛻變能量，生活中因為受苦與犧牲而帶來的清澈覺知，絕非安逸與風光的生活裡可以擁有的。顏回若非一簞食、一瓢飲的品嚐貧窮，恐怕不會是孔夫子稱讚的好學生吧！珍妮佛若非特別幸運的享受過自由心證權威大餐，激發出受苦中的生命潛能轉進心靈服務業，現在恐怕仍究是那個日日擔待於職場的權威受害者吧！或早已被迫失業在家得憂鬱症呢！

　　引用直覺式塔羅牌書中所述：「目前是你的困難時期，事情就是這樣。有一個不舒服的改變正在發生，因為舊有的方式已經沒用了或不適合。如果你以一種建設性的方式來利用你的困難，它們可以為你蛻變你的生命。」親愛的，倒吊人的世界有著淒慘中的生機美，不是嗎？

　　泰利帶給珍妮佛倒吊人的一天，回憶過往，特別寫下它，與君分享。

塔羅話情愛

問之以誠，告之以實

　　愛情塔羅占卜，可以是特定對象的愛情緣份牌陣，也可以是沒有對象者的愛情運勢牌陣。珍妮佛從諮詢經驗中發現V字型的七張牌愛情緣份牌陣超準耶！第一張牌是當事人過去的戀愛狀態，反映出占卜者是一個怎樣的愛人；第二張牌指出占卜者與所問之人兩人間的愛情現況，透過現況分析，問卜者馬上感受到塔羅牌的奧妙；第三張牌指出占卜者與所問之人兩人間的愛情未來發展，這是占卜者感到最好奇的天意所在；第四張牌是塔羅牌裡蘊含的天意給予占卜者的情愛建議，天意賦予的情愛建議比起人為的主觀指導來得客觀吧！第五張牌指出占卜者所問對象是個怎樣的愛人，讓占卜者自己體會是不是這樣呢？第六張牌指出兩人情愛的可能障礙，兩人愛的路上瓶頸或困難何在？讓問卜者心理建設於當下；第七張牌指出兩人情愛可能的發展與結果，道出問卜者在意的這段感情最後的關係是什麼。

　　諮詢V字型的七張牌愛情緣份牌陣時，每當珍妮佛翻開牌面，掃瞄一眼全牌陣、腦子一轉於牌義間，當下反射出來的兩人情愛關係現況，每每令占卜問事者嘖嘖稱奇於塔羅的神準，也讓珍妮佛覺得懂得善用塔羅牌，真的是幫人解惑、釐清現況、指引未來的方便巧門！輔以珍妮佛嫻熟的西洋占星個人星圖，當事

人的情愛運勢、與特定對象的情愛發展，就在占星與塔羅的觀照下，說出了參考性的未來，讓當事人心裡有個底，歡欣其中或預做準備或就此打住囉！

沒特定對象可占卜的人，想知道愛情來叩門嗎？塔羅專家們研究出來的時間流轉牌陣，一樣可以就問卜者愛情的現況、愛情的近況、愛情的未來勾勒出愛情趨勢於時空座標裡。諮詢時珍妮佛發現，沒有愛情但又渴望愛情的單身女孩，最喜歡三張牌說愛情運勢的牌陣呢！當翻出的牌面是愛情啟動，Bingo！比中樂透還高興咧！可見得「問世間情是何物，直叫人以生死相許啊！」

現在的你正值大學芳華玩四年嗎？愛情是一定要修的人際學分喔！透過愛情裡的愛與被愛，你才會明白情愛付出與承受間的關係，你才能夠真正的說聲：「我長大了！」，光有性關係未必等於體驗愛情喔！現在的你正值步入社會的新鮮人嗎？辦公室或職場裡的愛情絕不等同於校園羅曼史喔！務實的看待愛情、處理愛情、享受愛情方能實現未來的幸福人生；如果現在的你已是社會老鳥的熟男（熟女），要不要愛情、要哪一種愛人、嫁（娶）誰什麼樣的人最能擁有幸福，了然於胸了嗎？

親愛的，年齡給了愛情不同的風貌，閱歷賦予塔羅占卜不一樣的風情，有趣吧！塔羅之於愛情是個好玩、又具參考價值的指導喔！

塔羅牌占看身心靈

能量的不同層面

　　奧修說：「宇宙是一個擴張的能量，而生命是它的結晶。我們所看到的物質，我們所看到的石頭，也是能量；我們所看到的生命，我們所經驗到的思想，我們所感覺到的像意識的東西也是能量的變形。整個宇宙—不論是海上的波浪，或是森林裡的松樹，或是沙粒，或是天上的星星，或是那個在我們裡面的—這一切都是同一個能量以無限多的形式和方式的呈現。」

　　親愛的，感受到這段話意涵的寬廣嗎？當理解了宇宙中所有的能量都是以無限多的形式和方式的呈現著，就不難明白身心靈是人類源於「一」的不同層面的呈現形式了。往往我們習於以看得見、摸得到的身體來當做生命存在的律動，我們也知道心理變化所引導的精神層面感受，但對於那看不見的靈魂層次是什麼？它以什麼樣的方式在運作著，引領著生命的前進，除了少數修持有成的靈性悟道者，可以掌握自我靈性的對話，大多數的人是很難察覺到它的存在與變化。

　　塔羅牌「身心靈」三張牌陣，是可以幫助占卜師透過牌義來觀照當事人身體、心理、靈魂層面的現況牌陣，以當事人心誠則靈的虔誠心，抽出三張牌，在牌與牌間解讀當事人身心靈的風貌與狀態。

當穎第三次來珍妮佛諮詢室時，穎擔心自己太依賴無形界的訊息指引，也不願意讓自己陷入把人中重大的事件交付給看不見的天意。珍妮佛告訴她：「信仰生命行進間的天意，只要是基於知性理解的參與，進而尋求支持的力量，而不是盲信的為自己找到藉口與推諉，就不是上癮的迷信啦！更何況珍妮佛與她的合盤有著土冥三合的吉相，土星的珍妮佛給冥王的她之建議，是得到宇宙支持的善力量呢！」

穎抽出的三張牌分別是：身體逆位的火騎士、心理逆位的劍之十、靈魂逆位的地王子。依牌義顯示：現在的穎身體的能量被生活周遭垃圾事給榨乾了，提不起勁來，明明很累但卻必須硬撐下去。心理上的穎知道最壞的黑暗低谷已走過來了，再不久的將來就是黎明曙光了，熬過創傷與痛苦所產生的沉默自信與堅強，讓她有能力應付未來，哪怕未來仍究是有一場仗要打。靈魂層面的穎正處於福禍相倚、吉凶相伴的天人交戰中，爭戰在自我的信仰與世俗的價值裡。

奧修說：「當靈魂是動盪的、被攪亂的、當它是不安靜的，它被稱為頭腦。當頭腦是寧靜的，它就再度是靈魂。頭腦是靈魂不安的狀態，而靈魂是頭腦的寧靜和鎮定狀態。」珍妮佛覺得這段話是穎現在最需要明白的道理。只有讓腦子裡紛亂的訊息平靜下來，靈魂層面才能跳開福禍相倚、吉凶相伴的天人交戰，才能在自我對生命的信仰與世俗的價值間找到平衡。

雖說天意是不可知的，但我們被賦予的自由意志卻是可以盡其在我的去創造自我的實相，面對艱難的目標與不知能否過關的終極世俗考驗，更要相信一切盡其在我！不是嗎？

塔羅—壓迫Oppression

超負荷的承擔

　　塔羅牌的牌義詮釋，是一種忠於牌義的基本原理反射，也是占卜師當下綜觀牌陣與問卜者所問問題，整合性的當下直觀靈性解析。當年學習塔羅牌義課程時，珍妮佛讚嘆於納蘭真老師解牌的精準與犀利，既羨慕又景仰。現在的珍妮佛在日積月累中體會牌義，對照當事人的問題，愈發體會塔羅牌的牌義解析，其間的道理猶如心理學大師榮格所談—占星師與個案當事人及當事人星圖間的秘密交感關係，是宇宙同時性的運作關係，也是彼此當下潛意識的交流。

　　珍妮佛在日常生活中以身試法的體驗塔羅魅力，話說某日早晨虔誠的稟告塔羅牌：「珍妮佛請問塔羅，今天的運勢將如何？」洗牌後隨手一抽出現的是杖之十的壓迫Oppression，珍妮佛心想「到底會發生什麼事讓我覺得有壓迫感呢？既是壓迫感，那就放寬心以對囉！」結果一天下來的生活情節，竟是處處可見壓迫感呢！

　　首先，充電中的手機竟無法開機，急忙打電話向台哥大查詢，台哥大說一切正常，可能是手機壞了，這下可好，少了手機的對外通訊很麻煩咧！接下來，許久未見的大學同學到家中附近訪友，想順道來聊聊，兩人許久未見，同學提及這陣子家事帶來

的壓迫感已好一陣子了，珍妮佛勸她以輕鬆些的自然心應對，不要把事情往壞處想。稍晚，待與諮詢個案碰面後，無預期的多來了同是一票好友的兩個朋友，原本兩個個案的諮詢，一下子變成四個人輪番上陣的集體交叉諮詢，珍妮佛對著攤了一桌的星圖及塔羅牌陣，忙著以跳躍式的思考來回應諮詢者靈機一動的各式問題，近三個小時的諮詢過程，壓迫呀！

諮詢時，四個人各自的故事不同，目前面臨的生活困惑主軸不一，有初始萌芽的感情、有轉換工作的忐忑、有不被重視的職場失意、有生活變動中的期待；各自的順帶疑問或好奇問題更是一一拋出，對珍妮佛來說，是一次很特別的集體諮詢經驗；對諮詢者來說，珍妮佛這種在壓迫性情境中的回應，對個別的諮詢期待而言，是不是也是一種被壓迫下的不得不結果呢？

回到家，珍妮佛就其中之一諮詢者的個人問題，再次詳細觀照星曜能量與其當前處境的邏輯，發現了在壓迫中忽略的點，特別在行程本下註記：「Call Miss xxx鼓舞她走出失意，找回被壓迫的信心。」壓迫的一天總算隨著時鐘晚上12點劃下句點。

親愛的，壓迫Oppression對照於塔羅牌義，係當事人因責任感超強的不願讓別人或自己失望，而強迫自己投入心力與時間來完成別人或自己期待的事與目標。對照珍妮佛壓迫忙碌的一天，與珍妮佛同時感受壓迫感的朋友與諮詢者，塔羅牌的魅力體驗與宇宙同時性的運作之秘密交感，精彩吧！

遇上逆位皇帝時

高塔就在眼前

　　遇上逆位皇帝Emperor是什麼意思呢？稍懂一些塔羅牌的朋友們一看就知囉！塔羅隱喻的意思是：現在的你，正遇上了一個在公司的管理上、資源的調配操控上大為倒行逆施的老闆囉！高塔就在眼前又是什麼意思呢？通常，高塔Tower是塔羅占卜中占卜者最怕抽到的牌，此牌一出，意味著眼前既定的工作、職務、資源、利益，已經來到老天將以霹靂雷電來個摧毀的大動作時刻囉！任憑當事人再怎麼抗拒，無濟於事啦！

　　塔羅牌的皇帝是個一手攬大權的統治者，對應於職場上人物是開公司的老闆或公司的高階主管，逆位的皇帝正是此人雖身為老闆（高階主管）需負責公司營運績效與成敗，卻是個能力不足、意志力不夠的老闆，公司管理的紀律大亂，搞不清楚紀律與掌控一致性的重要，不然就是過度自信專斷而任性的打亂管理紀律；性格上不是一頭熱的沒規劃好就朝令夕改，就是易一意孤行的執著於當下的情緒與想法，讓底下的員工難做事，就算是信任員工的授權，也只是一時高興的賞賜，常會把狗熊當英雄看待的看走眼，卻把英雄當狗熊來對待的用人不當。

　　高塔是一個早已不再合適的空中危樓，只要平地一聲雷起，住在裡頭的人隨時可被轟掉墜落到地，就算不粉身碎骨，也剩半

條命。是老天以神威之意強迫當事人非接受改變不可，就算當事人死抓不放的呼天搶地，或抗議天意不公允的堅持不從，神威自會以排除掉外在不再合適的環境來改變當事人的處境，對當事人來說，面對它、重新調整自己的再站起來另闢新樓，是一個必然的選擇。

前幾天，占星諮詢個案來電告知：「老闆以公司不賺錢為由（事實上非也），硬生生的把薪資與獎金制度來個戲法大變，擺明減薪4成。她說：減薪之事早在意料中，只是沒想到老闆的手段如此難看，真是活生生被她給氣死！氣死之餘，心寒透了！」，珍妮佛回應她：「遇上逆位皇帝時，高塔就在眼前啦！」接下來，順道解說逆位皇帝與高塔的隱喻給她聽，鼓勵她：「此處不識人才，自有識人處，老天關上一道門，另一扇門就等你以智慧去打開囉！」

幾年前的珍妮佛，也曾在逆位皇帝的管轄內，紮實的飽嚐皇帝倒行逆施的權力殺業，當時正鴉子划水開始研修塔羅的珍妮佛，占卜問兩人的關係，正是高塔牌，此牌一出，納蘭真老師說：「不是你走人，就是他有變動！」珍妮佛心知肚明，當然是我走人啦！果真如此，3個月後，珍妮佛斬釘截鐵的在逆位皇帝的諷刺、懷疑與冷漠中，瀟灑的踏出權力煉獄的職場，從此展開自由、創新、鼓舞的心靈諮詢soho生涯路。

看來，諮詢個案的去職已在不久後，但願她能以清明的意識為自己再創另一個職場生涯，把這段與逆位皇帝共事的職場經歷，當做是演出兩人合盤下的土冥相刑之舊債今還，前世欠負的

宿世債，以今生主僱間的權力與金錢的受害來了業。畢竟老闆也曾在用人之急時，給予厚賞與重用呀！只是逆位皇帝的格局太小了，今日以擺明減薪的大動作來逼退，公司的營運是否能如她所預期的不受影響，就看老闆的命與運囉！結果會如何將是自做必得自受的審判囉！

　　親愛的，神秘學有意思的地方在於當研修有成，看待自身與周遭人事運作，自會有與神對話的樂趣在其間，這種以占星學理看命運流轉與人際關係本質，以塔羅牌義譬喻人事，以更高的自我解析生活中幻化不定的人生，挺好玩的，不是嗎？珍妮佛喜歡這充滿變化的宇宙遊戲，你呢？

第四篇

Aura-Soma 諮詢分享

0號
靈性解救瓶

1號
身體解救瓶

2號
和平瓶

3號
心輪瓶

4號
太陽瓶

5號
日出日落瓶

6號
能量瓶

7號
信仰的考驗

8號
阿努比斯

9號
水晶洞

10號
擁抱一棵樹

11號
一串花朵

12號
新時代的和平

13號
新時代的希望

14號
新時代的智慧

15號
新時代的治療

16號
紫袍

17號
抒情詩人

18號
埃及潮流

19號
生活在物質世界

20號
星星的小孩

21號
新開始的愛

22號
重生瓶

23號
愛和光

24號
新的訊息

25號
南丁格爾

26號
驚嚇瓶

27號
羅賓漢

28號
瑪麗安

29號
開步走

30號
把天堂帶到人間

31號
泉源

32號
蘇菲亞

33號
海豚

34號
維納斯的誕生

35號
仁慈

36號
博愛

37號
守護天使降
臨大地

38號
抒情詩人

39號
演布袋戲的
人埃及瓶

40號
我是

41號
智慧瓶

42號
收成

43號
創造力

44號
守護天使

45號
愛的呼吸

46號
流浪者

47號
古老的靈魂

48號
治療的雙翅

49號
新的信差

50號
El Morya

51號
Kuthumi

52號
LadyNada

53號
Hilarion

54號
Serapis Bey

55號
Chirs

56號
St.Germain

57號
雅典娜&風神

58號
Orion & Angelica

59號
Lady Portia

60號
老子與觀音

61號
Sanat Kumara &
Lady Venus Kumara

62號
Maha Chohan

63號
Djwal Khul &
Hilarion

64號
Djwal Khul

65號
頭在天腳在地

66號
女演員

67號
神性的愛

68號
天使加百列

69號
響鈴

70號
燦爛的景象

71號
蓮花中的珠寶

72號
小丑

73號
莊子

74號
勝利

75號
順著流走

76號
信任

77號
杯子

78號
頂輪解救瓶

79號
駝鳥

80號
月神

81號
無條件的愛

82號
海中女神

83號
芝麻開門

84號
風中之燭

85號
Titania

86號
Oberon

87號
愛的智慧

88號
玉皇大帝

89號
能量解救瓶

90號
智慧解救瓶

91號
女性領導力

92號
Gretel

93號
Hanel

94號
大天使麥可

95號
大天使加百列

96號
天使長拉斐爾

97號
大天使尤利爾

98號
和平瓶Sandalphan

99號
大天使長Tzadkiel

100號
大天使Metatron

101號
大天使Jophiel

102號
天使長Samael

103號
天使長Haniel

104號
天使長瑟米愛爾
chamael

105號
大天使愛瑟瑞爾

Aura-Soma簡介

　　Aura氛圍代表人人周遭的電磁場，許多通靈者看得到，嬰兒也看得到。Soma古希臘文意為身體，在印度Soma是一種神奇的飲料，能使靈魂陷入神聖的狂喜中。

　　1984年，通靈的英國維琪‧渥爾女士在66歲雙眼失明時，接收到來自上天給予指導的Aura-Soma配方。奇蹟發生在晚上，維琪‧渥爾把平日搜集的各式天然藥材，在家裡的小實驗室開始變魔術，做出連她也不知道這是什麼的彩色油瓶。上層物質是有色的油性液體，下層是另一種顏色的水性液體，搖動瓶子時，會暫時出現一種液體，水及油的成份各占一半，比例和驢奶相當，而埃及豔后就是用驢奶來洗澡，以保持肌膚的柔嫩美麗。

　　這種比例的乳劑最適合滲透肌膚，而且新誕生的物質不含人工的穩定劑（唯有如此，維琪‧渥得才能排列出各種組合），不會影響治療及振奮的功效。Aura-Soma平衡油的配方不但是在祈禱和靜心中誕生，而且這些配方似乎超越了一般的理解範圍，仿佛會喚醒人們長久以來被遺忘的東西。

　　於是，一種治療法誕生，叫做Aura-Soma。這套治療體系的名字是維琪‧渥爾這位英國足科醫師兼藥劑師，在祈導和靜心中發現的。這種治療法包含106瓶的方形玻璃瓶（從0號到105號），每一瓶含有兩個不同顏色的液體。

第一瓶Aura-Soma平衡油誕生的同一年，維琪‧渥爾遇見麥可‧布斯。學過藝術與教育，當過長時期的畫家、製陶家、以及藝術課程的主任。他認識維琪時，是治療師，從事管理訓練。他看出Aura-Soma的體系的潛力，立刻改變了未來的生涯計劃，全心投入心力來發展Aura-Soma。

麥可‧布斯和維琪‧渥爾一樣擁有類似的治療與通靈能力，一方面維琪教導麥可如何製作Aura-Soma平衡油，他在現場目賭許多產品的誕生。他也貢獻同種療法、自然療法、通神論及佛教方面的知識。當維琪‧渥爾在1991年去世，從此麥可‧布斯一直領導及協調整個組織、生產及訓練計劃，和維琪一樣，麥可也依天意指導而製造出新配方。

今日Aura-Soma出現在大多數的歐洲國家，也遍佈以色列、南非、加拿大、美國、南美洲、澳洲、紐西蘭、日本及印度。從1984年以來，購買Aura-Soma產品的人數每人倍增。系列產品從平衡油開始，發展到「保護靈氣」及精油，廣為各年齡及各階層人士所使用。

能夠放開心胸、不被偏見所左右的人士，最能從Aura-Soma產品獲得立即而深遠的好處，直覺增強，似乎能掌握最深處的原始知識。在許多時候，他們比較容易拋棄陳舊的行為模式，採取新途徑。如果他們用「心」（而不是用頭腦）來選擇瓶子，而且定期適當使用，常常能改進生理及情緒的不適。然而，開始使用時通常會出現健康危機，動搖使用者的信心。和其它體系一樣（例如同種療法），Aura-Soma一定可以克服這個危機。身體和心靈真的能揚棄舊事物，迎接新事物。

透過祈禱和靜心所產生而能使人獲得自我認知及完整治療的系列產品，可以說是空前的創舉。畢竟，複雜的配方不但從天而降，而且源源不絕，這種概念的確很難理解。不過，開啟完整體系中治療與奧秘靈性層面所有秘密的過程，仍然熱切進行中。如果不斷想著：「Aura-Soma是奧秘不可解的東西」，因此心存懷疑，這樣的念頭其實是可以令人理解。而且，Aura-Soma的「平衡油」是受到天使神靈、微妙的人體及前世經驗所「啟發」，這並不是人人都能輕易接受的概念！

　　Aura-Soma平衡油中的色彩確實開啟人類震動之謎，而且能加以調和。對完整的個體有直接的影響，以非常柔和的方式影響人的靈性、心理、情緒及身體。Aura-Soma被形容為「不具干預性的靈性療法」。

　　時至今日，全球Aura-Soma的使用者超過一百萬人，有數千人受過特殊訓練。孩提時代的我們為選擇色彩而奮鬥不懈，願意冒大風險。在20世紀末的今天，已經成年的我們，有機會直探內在欲望的深處，不必冒著觸怒長輩的險，以一種比較精緻的方式選擇顏色。維琪‧渥爾認為Aura-Soma是「不斷成長的治療療法」，我們可以想像彩虹之旅將指向更高，更深遠的未知領域。

　　請繫好安全帶，準備出發！

註：Aura-Soma的介紹摘錄自神奇塔羅出版社出版艾玲‧黛莉喬&麥可‧布斯著/PIPASI &張瀞文譯的「靈性彩油」

註：Aura-Soma是不具干預性的靈魂治療法，非用於治療疾病，身體有病痛請循正統醫學就醫。

如何選擇與使用Aura-Soma靈性彩油
Aura-Soma平衡油是不具干預性的靈性療法

敞開自己，迎接這種體驗！

張大眼睛，吸收各種色彩！

選擇前讓自己放鬆、喝杯茶、緩口氣的看著106瓶各式顏色組合不一的彩油瓶。想著自己希望解決的問題，問自己內在的聲音；哪一瓶會最有用？你也可以閉上眼睛，伸出左手靠近瓶子，感覺哪一瓶的能量最吸引你。依你喜愛的優先順序，憑著感覺選出4瓶來。

你所選出來的4瓶Aura-Soma靈性彩油象徵著：

第一瓶靈魂瓶	代表你在此生的使命，你化身為人的目標。
第二瓶靈療瓶	顯示你最大的困難，如果你去處理，這是你最有價值的禮物。你從「大創造力」接收的禮物，而且同時也是你能給予「大創造力」的禮物。
第三瓶當下瓶	包含的資料是在你的人生路上目前的進展。
第四瓶未來瓶	告訴你未來可能的前景。

你如何使用Aura-Soma靈性彩油：

　　Aura-Soma的第二瓶是「靈療瓶」——你最深層的內在，也就是你說你應該先用第二瓶，這樣才能獲得正面的顯著效果。當你使用完第二瓶的「靈療瓶」後，至少先休息一星期。注意自己有無任何變化。你更常做夢嗎？夢境的內容是什麼？靜心或練習抒解壓力時，發生什麼事？你是否回憶起忘記了很久的事？睡眠及飲食狀況如何？情緒如何？有沒有特別快樂、生氣、受挫折、溫柔、性衝動或特別累？工作如何？

　　接下來使用第三瓶「當下瓶」，用完之後休息兩天。

　　再使用第四瓶「未來瓶」，用完之後休息10～14天。

　　再使用第一瓶「靈魂瓶」勇敢做自己和自己的靈魂結合。

　　整個疼惜自己的使用順序是第二瓶→第三瓶→第四瓶→第一瓶。

　　以上摘錄自神奇塔羅出版社出版　艾玲‧黛莉喬&麥可‧布斯著/PIPASI &張瀹文譯的「靈性彩油」

註：Aura-Soma是不具干預性的靈性療法，非用於治療疾病，身體有病痛請循正統醫學就醫。

註：Aara Soma靈性彩油0號瓶～105號瓶詳細意涵，請至珍妮佛學苑個人網頁http://www.cwc168.idv.tw點閱。

Aura-Soma體驗告白

個案來信分享

　　為Aura-Soma靈性彩油在台灣做推廣，是珍妮佛樂於經營的善事之一，而深深相信Aura-Soma靈性彩油自會感召與幫助誠心接納的使用者，也是珍妮佛在推廣Aura-Soma靈性彩油給尋求身心靈療癒朋友們的信念分享。

　　當諮詢個案穎來信：「猶記出國前的一次諮詢談到我與母親的關係也是土星的連結，初次諮詢時也曾談到我與母親之間的矛盾與衝突。我想就這方面和你做一次諮詢。102號油帶出的深層恐懼令我瞭解到我在台灣想逃離母親的感情牽制，到英國又想逃離男友的感情牽制，這兩個土星相位似乎成為我目前情緒困擾最大的來源，與男友的關係也許有結束的一天，與母親的關係卻無可能斬斷，現在的我已經知道幾次的出走都只是短暫的逃避，該是學習如何面對的時候了。這樣每個月就要來一次的衝突，我實在受不了。五月份擦這瓶油時經歷的痛苦讓我心有餘悸，那種天翻地覆的恐懼，讓我知道非處理不可。」看完信的珍妮佛知道，穎又往身心靈療癒之路邁前了一步，這一趟療癒之旅的信任已然開展。

　　親愛的，發生在珍妮佛現實生活的真人真事諮詢情節，或來珍妮佛這兒尋求身心靈療癒的個案故事分享，是珍妮佛心中滿滿

的感觸，在心靈悸動的剎那把它寫下來分享給你。在人類集體意識與潛意識的層面裡，別人的故事何嘗不是我們的鏡子呢？就宇宙造物的觀點，我們都是靈魂寄居的肉身體，所有發生在個人身上的情感衝擊、創傷源頭、挫折失意、糾結纏繞，不都是靈魂來到地球的共同修煉嗎？只是每個人生命的藍圖不同，演出的劇本不同、對演的人物有別、啟動的時間不同罷了！

　　親愛的，珍妮佛引用保羅・費里尼著/周玲瑩・若水譯的書《無條件的愛─與心對話》所述：「讓自己吃盡苦頭的，其實不是別人，而是你自己。」因此，想讓自我受傷的心、纏繞的苦得到釋放，不在外求的他人，而是在於接納自己、愛自己，而怎麼樣做到真心接納自己、尋回愛自己的動力，舉目望去、信手拾來萬千法門在眼前，宗教的有佛家的修心、道家的修道練丹田，古老中國的有易經的天人合一、儒家的修身齊家治國平天下，現代的有奧修、奇蹟課程、光的課程，知曉命運與宇宙關係的有占星、八字、紫微，參透事件玄機的有塔羅占卜，釋放情緒的有Aura-Soma靈性彩油、花精芳療，一堆的靈性知識與宇宙智慧洞見，偉大的造物源頭早已幫我們安排好豐盛的身心靈饗宴，要不要進入其間享有它，就看你囉！

內在小孩的呼喚

需要被治療

　　20歲，大一班上前三名得書卷獎那年，年少執拗的珍妮佛大大違背了父親的心意，不願意轉進可以輕易獲得的台大法律系，實現父親對珍妮佛從小到大的光榮社會期待，自此與父親結下了一道心牆。儘管20餘年後，歷經結婚、生子的為人母角色，深刻明白父母對孩子的愛永遠是付出多過於回收。但20歲的那一道心牆，卻自此緊緊的隔絕著父女間自然的親情流動。

　　4月上旬，音樂靜心脈輪冥想，當音樂進行到臍輪與胃輪時，情緒地下室的臍輪浮現出童年時坐在父親肩膀上、大腿上的歡樂景象感受，那時的珍妮佛是備受父親寵愛的小女孩；胃輪掌管的感受體浮現的是童年上學前鬧情緒的胡鬧哭吵，但父親卻可以耐著性子送我上學的諸多畫面，伴隨這洋溢著父女親情的純真美好景象，珍妮佛淚水不能制止的流出，咽頭緊緊的卡著未出聲的酸楚。

　　珍妮佛知道冥想靜坐的音樂啟動出內在小孩的感受，20歲那年的一個決定，女兒不能當律師或檢察官的事實徹底的幻滅了父親期待引以為傲的社會成就，自此父親對我的人生否定讓珍妮佛一直在職場上以不服輸的精神打拼著，而這不服輸的執著換來的是職場權威抗爭中的諸多踐踏。

珍妮佛知道父親加諸於我的人生否定一直是個看不見、拋不開的親情陰影，這陰影的禁錮一直到中年進入占星的研習，透過自身星圖的理解與接納，並印證於父親與我之間合盤顯現的星曜相位與宮位，才真正的了然，原來父女間的心結是個怎樣的靈魂課題。在靜心音樂脈輪冥想中，浮現的內在小孩是父親鍾愛的小女兒，原來這麼多年來，是自己的心結綑綁了對父親的親近，是自己構建的那道無形心牆阻隔著對父親親情表達的困難，需要治療的是20歲之後那個呼喚父愛卻不敢親近父親的內在小孩啊！

　　當父親舊疾復發併發敗血症昏迷而緊急送醫時，在醫院的照顧裡，年邁的父親意識不清的讓女兒為他擦拭排泄物、為他包裹紙尿褲；當父親意識稍清晰些時卻一直催促著珍妮佛回家睡午覺，免得累壞身體。當父親身體疼痛，珍妮佛趁機幫他塗抹Aura-Soma靈性彩油上層藍色下層深紫紅色的1號瓶—身體解救油，順道按摩身體疼痛處；當父親擦澡後哄著他、幫他塗抹Aura-Soma靈性彩油上下層橘色的26號瓶—解除開刀或手術前的靈性驚嚇，珍妮佛知道這是我唯一能幫父親做的事，儘管父親不見得知道或認同Aura-Soma的效益。

　　就在父親住院前兩天，珍妮佛進入第四個循環的第一瓶，啟用靈療瓶Aura-Soma靈性彩油上層淡藍下層淡粉紅的58號瓶Orion & Angelica，依靈性彩油書上所述：「可以改善的人格面—內在小孩需要被治療，也就說此人的情感不成熟，發現表達情感和身體上的接觸有困難；情感層面—幫助克服內在小孩的非理性恐懼和挫折感。」是的，珍妮佛在醫院照顧父親的感受的確是這樣的

同步奧妙體驗，20多年來阻隔的情感表達困難，受傷的內在小孩就這麼巧妙的在父親住院的照顧付出中被釋放了，曾經被疼愛的內在小孩對父親的愛就這麼自然的流動起來，同時音樂靜心裡坐在父親肩膀上、大腿上被寵愛的影像，更讓我憶起遺忘的塵封往事，再次的提醒著內在小孩依舊擁抱的親情之愛。

　　親愛的，道出自身的感應為的不是推銷、也不是煽情的引導，真的是感恩上天為我開啟與安排的每一份因緣，在《光的課程》藍色之光的研修中，我克服了內在對父愛的深層恐懼；在綠色之光的研修中，我得以表達愛的創造；在Aura-Soma 58號靈性彩油中，我釋放與流動了自然的親情之愛；在音樂靜心脈輪冥想裡，我得以重溫兒時被寵愛的美好親情。

　　親愛的，每一個人都有不為人知的生命創傷，而大多數的創傷與家庭有關，不管創傷的來源是有意或無心造成的。面對創傷的方式就是開始疼愛自己，為自己找到一個療傷的途徑。占星、Aura-Soma、光的課程、音樂靜心是珍妮佛進入的途徑，珍妮佛相信修持佛法、信仰基督、奧修靜心、蘇菲舞蹈或其它宇宙善法門，條條道路都是上天為我們安排的治癒之路。但願曾經受傷的你，盡快找到疼愛自己的法門。

滄桑婚姻路

往事已矣

　　個人星圖裡太陽、金星、凱龍雙魚、木星與火星寶瓶落入十二宮—海王星守候的靈魂原鄉，偏偏守護雙魚的海王星落入八宮—人性原欲的試煉與轉化又刑福德宮的土星寶瓶，珍妮佛看著這樣的星圖，對應占星諮詢時所演繹出來的真實人生際遇模式，情愛與婚姻恰似多情善良的美人魚被海洋黑道大哥大海鯊一口吞下，演出一段過往的滄桑婚姻路。

　　珊在年輕可人時就嫁給前夫，只因為當時的珊想早一些逃離原生家庭的種種失望，珊以為男人可以為他帶來生活與精神的依靠，婚後又傻又老實的與前夫認真的打拼事業。當珊生下老大沒多久，隱隱約約的知道前夫好像有了外遇，但爛雙魚的躲避與寬容不揭的自欺性格，讓她隱忍並守候著變質的婚姻。珊以為再添一個孩子可以挽回未掀開的外遇危機，沒想到生下老二沒多久，男人狠下心來堅決要另組家庭。更慘的是被迫失去婚姻的珊，竟面臨了男人強行的掠奪，所有珊在婚姻與事業重疊中經營出來的客戶群資產全被帶走，這一個浪頭讓珊的生命墜入看不見底的黑暗海洋深溝。

　　占星諮詢談到這一段時，珊已是雲淡風清的平靜敘述過往，好像這是某個女人的故事。在多年的努力之後，現在的珊再度構

建出屬於她的客戶資產群，每天為兩個孩子與自己的事業與生活忙得很起勁，更感欣慰的是珊在婚姻危機中學會了開始尋求生命意義的智慧，學過八字的她，來到占星的領域內更看到了造物主為生命預設的偉大劇本，她讚嘆生命藍圖的秘密盡在星曜符號中，生命際遇在行運變遷中幻化演出。謙虛的她覺得與同修珍妮佛占星諮詢，或許可以看得更客觀、更透徹些。

同為占星同修，珊自然是特別的明白珍妮佛為她解析的星圖特質與行運可能的變化，也信任珍妮佛推介她透過自己的「眼」、自己的「心」來選出她所需要的Aura-Soma靈性彩油，做為她情緒釋放與靈魂滋養的好朋友。珊選出來的第一瓶95號大天使加百列，正反映出12宮強的她，靈魂本質深知自己的任務與使命，能夠洞悉自己的本質，專注於自己的內在，能以關切敏感的態度去做任何小事情，並散發出深層的喜悅與深刻的智慧。是呀！珊現在的雄厚客戶群資產，不就是因為這樣的靈魂本質所營造出來的果實嗎？

珊選出來的第二瓶70號燦爛的景象，可以看出珊在生命過往中極度的害怕表露自己，有避開實際生活的傾向並習於隱藏自己的才能。對應珊的星圖，太陽在十二宮的雙魚人，火星寶瓶落入十二宮的行動棄甲繳械族，不正是70號瓶所描述的靈魂困難處嗎？

珍妮佛透過占星星圖與個案當事人自己選出來的Aura-Soma靈性彩油瓶，每每看到了宇宙同步性的訊息殊途同歸的印證生命的本質與困難。占星語言與顏色語言竟像同謀似的述說著同一種

生命情境、同一種情緒模式。金星雙魚的珊說：「她會認真的每天使用Aura-Soma，過程中隨時分享使用心得。很高興在占星之外，遇上了神奇的Aura-Soma。」珍妮佛心想：「緣份來時，恩典自會出現。」

當珍妮佛告訴珊不久就會有一篇以她為主角的文章時，珊笑得很靦腆，成熟女人的她願意以她的過往、現在與大家共享，希望對同樣沉淪在婚姻暗海中的男人或女人，有些參考價值喔！

婚姻斷層帶

動盪不安

地震斷層帶是地質學的專有名詞，位處地震斷層帶的國家在地殼運動、釋放能量的週期裡，相較於其他非地震斷層帶的國家，處於高度的地震危險期，任何一個不能預期的大地震，都可能是摧毀國家文明的殺手。

婚姻過程裡，有沒有類似地震斷層帶的週期性危險呢？珍妮佛在占星諮詢當事人的星圖裡，看到了天地不仁、以萬物為芻狗的婚姻斷層帶。霞是93年秋天與珍妮佛結緣的占星諮詢當事人，初相見時霞一邊聽珍妮佛解析星圖、一邊訴說她在婚姻動盪裡的不安、憤怒、恐懼、遲疑、反覆、犧牲、怨懟糾結的情緒，痛苦與委屈的淚水傾洩而出的流過臉龐。

94年初霞再度與珍妮佛諮詢，這一次她關心的是那個早已多年不再共枕卻讓她在婚姻動盪裡犧牲與擔待的枕邊人。珍妮佛在霞的二度諮詢裡，感受到女人為了孩子，無奈的抓住一段實質上已變調婚姻的悲涼與滄桑。95年初，霞來信說：「半夜醒來，發現夢中的淚水已灘濕枕頭，該是勇於面對自我的時候了，想試試看Aura-Soma靈性彩油能帶來什麼樣的體驗？」

霞來到珍妮佛諮詢室時，珍妮佛依著霞的星圖，簡要的開導她：「93年初當行運冥王合相你本命月亮人馬時，啟動了你本命

太陽雙魚與月亮人馬相刑的剋相，而行運天王星雙魚又一路合相你本命火星、凱龍、太陽雙魚，並對相著你八宮的冥王與天王處女，對你來說，一直到96年底，靈魂選擇的婚姻課題正嚴苛的考驗著你，在這三年裡你將用什麼樣的心態來面對婚姻地震斷層帶的動盪呢？待行運過後，97年的你再回顧這一段婚姻動盪的煎熬時，你會發現自己已捱過了一段長達三年的婚姻斷層，你也會驚訝於自己竟也走了出來。」

珍妮佛告訴霞：「占星學理上日月相刑，反映的是當事人內在陽性能量與陰性能量的不協調，當事人多半成長在父母性格長期不合但不離婚的家庭，父母長期的情感摩擦，容易讓當事人養成對男性的不信任、反抗或過度依賴男性權威，而母性無條件愛的付出，不是模仿母親過度的承擔就是演出母親對父親的苛責與吝惜付出愛。陰陽能量不協調的內在原型很容易在自己進入婚姻後，由枕邊人來啟動共業，再度演出婚姻不合的人生劇本，讓當事人有機會在二度創傷中療癒自己，但通常未經療癒的當事人，遇上行運外行星來剋相時，易是飽嚐婚姻斷層的煎熬與創傷。」

挑選Aura-Soma靈性彩油前，珍妮佛請霞抽出三張代表身心靈的古埃及心靈塔羅牌。第一張逆位劍王子，暗示著霞的身體承擔了太多脫序與不成熟男性的言詞傷害；第二張戀人牌，徵象著霞內心深處強烈的渴求愛再連結；第三張杯之七Fantasy幻想，意味著霞在面對情感時想太多了、因想太多而容易幻滅於現實。

對照霞選出來的Aura-Soma靈性彩油，正精準的對應著星圖上日月相刑的破壞相位，也顯示著行運引動的情境式動盪婚姻痛

楚。淡藍色與淡粉紅的靈魂瓶與未來瓶，透露著霞的靈魂此生要
經歷與創造的主題就是—內在陰性與陽性能量的調合；淡粉紅與
淡黃的靈療瓶與當下瓶，顯示霞正處於愛的混亂裡。時而以無條
件的愛，愛著早已脫序的先生、苛責自己不夠完美，時而憤怒自
已的懦弱與無能、質疑自己為什麼要無條件的在愛裡承擔與犧
牲？明顯的知道離婚或不離婚始終是一個混亂而無法做決定的問
題，不離婚很痛苦，離婚更傷情。淡粉紅與淡黃混合之後的珊瑚
色，明白的指出在沒有回報的愛裡，霞如何找回愛自己的智慧，
在分離與依賴的課題裡找到自我的平衡，把婚姻斷層之痛的療癒
焦點指向自己，而不是奢望先生的改變。

　　霞說：「第一次與你諮詢後，回去後我足足因明白而平靜
了三個月；第二次諮詢裡你所提及的事，一年後真的應驗了；今
天再度來，我真的希望自己能在動盪婚姻裡找到超越與釋放。」
目送霞離開時，珍妮佛知道再過不久，霞將來信分享她自己用了
Aura-Soma彩油後，內在改變的體會與外在因緣啟動的是什麼？而
這份分享將是珍妮佛可以與讀友共享的心靈彩虹。

順著流走

75號瓶順著流走

親愛的，水從來都是由上往下流，流過高山、流過溪谷，匯集成河再流入湖泊或大海的融成一體。順著流走是大自然的水流現象，而這個現象也成了人生凡事隨順自然發展的譬喻。

Aura-Soma靈性彩油瓶中的75號「順著流走」上層紫紅色下層藍綠色，漂亮的組合揭示著確信：「我決定要重新看待愛。」沁是珍妮佛占星諮詢的熟識個案，她的星圖在我不同階段的看圖功力下，解析過數次，每一次看她的星圖，對照她真實的情愛人生，總發現那個駐足在親密關係宮的火星寶瓶剋相友朋宮的土星雙子，現實的挫敗威力大呀！太陽、水星、金星天蠍入家庭宮的沁，這一生與生命中重要男性的關係，恰似走入天蠍黑暗冥府的等待著黎明曙光呀！

珍妮佛是少數知道沁內心底層看似乾涸的創傷裡，依然有外人看不見的血流著的心靈友人。最近沁捎來e-mail說：「十年了！苦苦等待的十年後，聽說他最近要拍婚紗照了，這樣也好，總算有個人是幸福的，我真的衷心祝福他婚姻幸福。而我正在使用Aura-Soma75號瓶的順著流走，是不是就讓一切順著流走呢？珍妮佛請你告訴我怎樣才能真正走出心靈的囚禁？我好苦呀！」

翻開靈性彩油書本所述，使用Aura-Soma 75號瓶可以改善的

人格面：「為何是我？為什麼這種事會發生在我身上？感覺自己是個犧牲者。想要從生活中解脫出來，但又不知如何改變人生。會觸及高度的絕望感，就像荷蘭畫家梵谷一樣割掉他的耳朵。易於看到痛苦和負面的部份，而沒有專注在成長的契機上。內在帶著很多的憤怒和怨恨，而掩蓋了當下的愛。」在心靈層面上：「幫助你發揮最大的才能和克服幻想。接受命運。清洗道路以體認出靈性方面真正想要為自己做的事，然後接受它。」在情感層面上：「將意識與憤怒與怨恨連結在一起，支持你處理愛的問題，或對它下點功夫。幫助你談論自己的情感。」

2個月前的沁憑著內心的喜好，選擇了4瓶Aura-Soma靈性彩油。75號瓶是她的「當下瓶」，巧合的是當沁來到「當下瓶」的使用時，分手多年、但仍懸擱心頭的男人最近要結婚了，她與男人間的故事彷彿75號瓶的「順著流走」即將大江東去浪淘盡，匯入此生意識的大海，成為今生永遠的情愛回憶。珍妮佛看著靈性彩油書上所寫，對應沁此時此刻的心情，唉！無情的貼切呢！珍妮佛要告訴沁的是：「隨順自然，一切誠如順著流走，凡走過生命的都留下痕跡，不能在當下擁有，並不代表不曾擁有，在生命多次元的空間裡，心靈意識內永遠有他，不是嗎？回到現實層面，他若不進入婚姻，你又怎會死心呢？你又怎能迎接下一個男人呢？決定重新看待愛，才是這懸擱十年情感的最後註腳。」

當然，珍妮佛還會就沁與男人間的星圖合盤好好的看個究竟，幫助沁從靈魂層面來理解她與男人間的此生課業。親愛的，接納命運是個常識，但真發生在自己身上，不是件容易的事呀！

而這也是造物主給我們最大的生命成長考驗及其背後的禮物。沒有這十年的懸擱，沁怎能透徹知道原來星圖上金星天蠍的愛，可以如此的以生命的激情去燃燒呢？原來親密關係宮的火星受剋友朋宮的業力土星，演出的靈魂宿世課題，在這一世是以這樣的情節償還呢？愛的關係裡曾經熾熱燃燒的年少情愛，如今仍以灰燼的餘溫呈現著天蠍的激情，慾的關係裡曾經交纏的火花，早已斷絕於現實的阻隔與割捨。一切的一切回歸到個人星圖，終歸是自己靈魂的選擇呀！非關男人的無情，男人只不過是宇宙意識咒語下配合演出的男主角啊！

　　親愛的，好個蒼涼的愛情故事，不是嗎？珍妮佛決定送給沁一份她現在最需要的CD，讓曲目裡的蒼涼與悲淒，帶出她深層的哀傷與絕望，釋放淌血的心，讓這一切順著流走！

嚐過青澀

轉為甘甜

　　親愛的珍妮佛：「嗯……該從何說起呢？我一直相信有『天意』這東西：每件事都有它的步調，因為時候到了，所以我找到妳。就像大家口中說的：「當學生準備好，老師就出現」。某種程度上，妳應該算幫我吹開人生迷霧一角的老師（笑）

　　星期三的諮詢，雖然許多未來在人生的路程中都「未來」，但心會懂的；而更了解自己之後的我，也會懂得如何在必經的路途上照顧自己、和家人互動。我想，星圖不是什麼鐵口直斷，它應該更近似於塔羅隱者牌手上的燈吧！

　　關於Aura-soma，有些神奇的體驗。昨晚睡前，我擦完彩油靜坐時，感覺有道溫馴的紫光蓋住我、掀開頭蓋骨腦中的焦躁、不安……許許多多的負面情緒就這樣散逸空中。我突然知道，「放掉」是如何的感覺。

　　而今早，我接到我同學委婉拒絕的簡訊。當下的心情原本是佯裝無所謂的木然，在靜坐時，卻感覺自己被溫柔環抱、有聲音告訴我沒關係，一切感覺都是被允許的……於是，失望的情緒由眼淚宣洩出來，又是一種放掉，也對「彩油的語言」有更深一層地體會。

　　當然，心裡苦澀難免。但仍慶幸，被無形眷顧的我，在其中看到自己的成長：重點在我「做」了而不是停在「期待」，這點就夠了。冥冥中，我正一步一步由「不是」中體驗、成長為「我是」的人。

　　和上一封一樣，這也只是這幾天來的小小經歷，妳也是我的貴人之一呦！與妳分享。

　　雯是珍妮佛舉辦《打開身體與心靈的結》體驗活動的來賓之一，當日簡短的Aura-Soma靈性彩油解說打開了雯想進一步經由星圖諮詢來探索自己的心念，當雯來到珍妮佛諮詢室，雙方就星圖上的星曜能量運作進行深入對談諮詢時，珍妮佛一再對雯說：「22歲的你，還在大學就讀，未經社會工作經歷的你，不盡然能完全體會星圖上木星、土星的社會能量將在你身上如何顯現；宇宙星曜的天王星、海王星與冥王星將帶給你命運的重大影響是什麼？也不是現在22歲的你能明白的；對靈魂層面的南交、北交、凱龍星及星曜逆行的能量運作，更不是你以22歲的生活智慧能參悟的；除了你聽懂的部份，其它非現在能完全體悟的部份，你可以將它當作未來人生方向的指引，日後當生活卡在瓶頸而過不去時，隨時可把今天的諮詢報告拿出來看，相信會比你茫然不知的在命運中跌跌撞撞來的清明些。」

　　珍妮佛發現雯雖然才22歲，但星圖上月亮處女三合海王與木星魔羯的吉相，讓雯在心靈探索的面向上比起一般時下的大學生來得早熟，但因月亮處女剋相天王星人馬、上升雙子與金星

雙子，使得雯在心境早熟的悲憫與良善中，自易有著習慣性情緒的不安與焦慮，感知母親的愛夾雜著寬容與善意的愛，卻也有著母女間情感疏離與情緒挑剔的矛盾感；星圖上金星與太陽雙子對相天王星人馬的力量，讓雯在家庭生活裡面對的是個行事風格特立獨行的父親，父愛像抓不住的風箏一樣的飄盪在空中。對雯來說，當諮詢觸及的層面來到這兒時，不聽使喚的淚水早已滑下年輕嬌嫩的臉龐。

　　離開時，雯順道帶走Aura-Soma靈性彩油的當下瓶25號「南丁格爾」，這瓶上層紫色下層紫紅色的彩油，使用者所要經歷的情緒與靈魂主題為─從失望中被解放出來，與雯來信的使用感應竟不謀而合，珍妮佛心想：「謝謝雯，你讓我經由你親自使用25號瓶的感應分享，明白抽象字義下的真實意涵。」

　　親愛的，每張珍妮佛在鍵盤上敲出一則諮詢個案的部份切面，珍妮佛總會想起當天兩個靈魂藉著星圖介面來溝通的對話與情境，當事人在當時的回應或離開諮詢室後的來信分享，讓珍妮佛沉浸在助人工作的心靈喜悅裡。看到雯在嚐過生命的青澀後，轉入青澀咀嚼的甘甜，這感覺，真好！

打開內在旅程
進入獨特而珍貴的體驗

　　前陣子在珍妮佛推介下，嚐試的帶Aura-Soma靈性彩油1瓶回去使用的茉來電說：「不知是不是擦了Aura-Soma，過往一些哽在喉頭不敢說的話、積壓在心底的包袱，竟不再壓抑而自然的說了出來，開始說真話的感覺讓我自己也驚訝，一開始，不太習慣這樣的自己，可是想一想，這有什麼不好呢？為什麼我要犧牲自己的感覺而老是背負別人的情緒垃圾呢？」珍妮佛回應她：「我不是告訴過你，Aura-Soma靈性彩油的使用，必有獨特而奧妙的個人體驗嗎？依我個人使用的經驗，清理只是個開始喔！對你來說，清理情緒垃圾正是用來紓緩本命星圖月亮受剋土星的好東西呢！」

　　另一位飽受情慾騷擾情緒起伏的女士珍，聽完珍妮佛解說個人星圖的原型與流年運勢後，以信任的直覺挑選出屬於她的4瓶Aura-Soma靈性彩油。珍妮佛提醒她：「在使用你選出來的Aura-Soma靈療瓶時，身體或許會有不適的反應，在身體不適期間就先停用一兩天，待身體不適的感覺緩和些再繼續使用，免得情緒垃圾的清洗過程一下子進行得太猛，而讓身體負荷不了。」幾天後，珍來電說：「用了Aura-Soma後的幾天，喉嚨好癢、還發了高燒，不過待高燒退後，身體與情緒感受反而輕鬆些了！我要開始

131

照顧長久以來知道卻疏忽的情緒問題了，決定再來拿走上次沒帶回去的其他3瓶彩油。」

當茉再度的坐在珍妮佛面前時，茉說：「我願意相信Aura-Soma靈性彩油為我帶來的情緒釋放與靈魂清洗，我發現自己開始對周遭的人與環境更友善，可以笑著臉的回應周遭，也可以自然的讚美與感謝別人，但我也感覺自己在看待周遭的清澈覺知，與周遭人士的情緒混濁與痛苦竟成了強烈的對比，我有點害怕自己會不會因Aura-Soma的使用，而與周遭人士的關係及距離會愈來愈遠呢？」

珍妮佛知道茉語意中的擔憂，正代表著每一個在靈性道路上覺醒的人會共同經歷的困惑與懷疑，這種千山我獨行的清醒與孤絕感，不正是靈性成長的喜悅所伴隨而來的承擔嗎？在對談中，珍妮佛告訴茉：「生命中唯一要處理的個體始終是自己，只有自己處於真正的自在時，才有能力給予他人合宜的慈悲與關愛。不要害怕自己的清明會阻礙了與周遭融入的合一感，當周遭是混濁不堪的情緒負荷，何必去淌混水的壓垮自己呢？相信它，繼續使用它，待今天你帶回的3瓶（當下瓶、未來瓶、靈魂瓶）都用完後，我們再來看看你現在處於靈性世界與物質世界的失衡感，是否依然存在呢？還是你有了更新的意識與領悟呢？也順便看看你可以享有的快樂與幸福感是什麼？」

不同的當事人茉與珍，透過個人獨特的情緒與身體感應，開始真正的去相信Aura-Soma為她們帶來的情緒釋放與靈魂滋養。理性的頭腦讓她們明白，珍妮佛推介她們使用靈性彩油，目的不在

於做生意，而在於分享靈性好商品，以佛渡有緣人的慈悲，帶領有心人進入內在旅程的探索，各自去領略與體驗內在旅程中獨特且奧妙的風光。

　　陸續推介占星與塔羅諮詢個案使用Aura-Soma時，珍妮佛很清楚的知道自己是一個存在中的「管道」，Aura-Soma將經由我的真誠與溝通而散播出去，傳達給願意敞開自己來接受靈性商品的當事人，而每一個當事人在每一次與珍妮佛的相聚裡，也將帶來Aura-Soma所賦予的生命新體驗與意識新領悟。珍妮佛結合占星、塔羅、Aura-Soma的靈性之路亦更見寬廣！

完美情人

愛情裡不必要的框架

　　一年多來，每當婷在工作或感情上遇到難以解決的瓶頸，第一個想找的諮詢對象是珍妮佛。倒不是珍妮佛特別善於甜言蜜語的哄她或逗她開心，而是她在珍妮佛的星圖解析與塔羅牌陣中應驗了過往、參與了過程、體驗了推估的結果。

　　這一回，婷意氣風發的剛上任某知名公司管理職。在婷進珍妮佛諮詢室前，珍妮佛在她的星圖上看到94年11月間必有突發性工作喜訊的她，卻同時也面臨了新職務環境圈的人際融入與適應上的挑戰，除此，被行運木星過宮引動的親密關係擴張需求感，也會讓婷有一種情愛雖在，但卻不夠深刻與激情燃燒的不滿足感，會質疑在愛的關係裡，到底自己被愛的誠意與被接納的深度在哪裡呢？

　　透過星圖，珍妮佛與婷聊了起來。珍妮佛為婷感到欣慰的是，喜歡工作且富創意的她，終於擺脫過往一年裡歷經多次職務動盪與無預警的解離困境，工作上來到一個遇貴人與資源掌握的佳境，看來只要個人能拋開社會願景的夢幻期待，95年的她大可好好的發揮個人豐富的想像力與靈光乍現的創造力，兩相結合的在工作上揮灑一番。只要懂得在新環境裡主管的姿態擺低些，暫時性的被排擠現象自可解套。

談到愛情時，婷哀怨的嘆了好長的一口氣，婷說：「這麼多年了，如同塔羅隱喻，經過了分手再復合，現在的我們好像只是頭腦關係的戀人，他喜歡我的好性情、欣賞我的知性美，卻覺得我身材不夠完美，不是他想要的那種線條美。」珍妮佛說：「你的身材很好呀！配上你年輕的臉正好看呢！看來星圖上南交雙魚在親密關係宮，說的就是不要讓靈魂的習氣陷自己於愛的關係裡無盡的犧牲與包容，何不拿出你北交處女在命宮的精煉自我意識呢？以處女的精煉來過濾你要奉獻與服務的價值是什麼？待會兒要不要試試你所挑選出來的Aura-Soma靈性彩油瓶隱藏的訊息會是什麼呢？」

　　珍妮佛一時興起的與婷玩遊戲，預先在紙上寫出婷可能會選中的色系。待婷望著106瓶各式美麗色彩組合的Aura-Soma靈性彩油瓶，婷覺得除了少數幾瓶外，其它每一瓶的色彩組合都漂亮得讓她難以取捨。大天平的她，看了又看、選了又選，乾脆把喜歡的色彩瓶，一字排開的放在珍妮佛諮詢室的八角窗檯上，在陽光的照射下細細欣賞再從中挑選出真正的最愛四瓶。有趣的是當最後的四瓶確認後，婷打開珍妮佛寫的紙條，竟全都猜中耶！

　　珍妮佛怎會知道婷會選那些顏色呢？其實，透過婷的星圖、與婷的對談，珍妮佛已知道婷的天賦與困難，會出現的對應色彩是什麼？果不出其然的，Aura-Soma色彩語言背後所蘊含的靈魂本質與情緒困難，正殊途同歸的與星圖上的星曜能量流，指向幾個相同的訊息，珍妮佛很高興婷願意敞開自己，讓自己有機會承領Aura-Soma透過顏色與光的振動頻率來疼惜自己，來體驗這個遠從

英國來的靈性好東西。

　　親愛的，完美情人何處尋？天底下哪有完美情人呢？「完美情人」只存在頭腦渴求的幻象裡，真實生活中愛的關係裡，追求「完美情人」必然是愛的障礙與愛的隱形殺手。大多數陷入愛情關係的男人或女人，當癡心與純情換來愛人贈與的不夠完美的批判而自我質疑時，是不是與婷一樣的在愛中沮喪呢？弔詭的是在愛中沮喪的男人或女人，通常跳不開愛情裡不必要的框架，也不會回贈個回馬槍給那位要求「完美情人」的愛人，問：「你（妳）是『完美情人』嗎？」

　　年輕的珍妮佛曾經受苦於「完美情人」的自卑，現在想來，真是多餘耶！還是我家先生成熟的懂得欣賞與接納不盡完美才是最真實的伴侶喔！難怪婚姻生活一路走來，愈見甘甜啦！

淚水帶不走的哀傷

嬰兒猝死的痛

　　幾年不見的友人來信：「好久不見了！下次遇見我時請不要與我提老三的事，前年不預期懷孕的孩子，在今年3月，6個月又6天大時，不預期的往生了！始末可至我的部落格了解。」看到這樣的信，珍妮佛心頭揪了起來，隨即點選友人的部落格看個明白，看到友人以悲痛寫出對愛兒聲聲呼喚的愛、對命運的怨、對孩子無盡的思念、對死因的懷疑，同樣為人母親的珍妮佛，頓時充滿了悲憫的哀傷。

　　珍妮佛知道這樣的巨大悲劇，背後定有重要的命運訊息與線索在友人與小孩的星圖上，主動建議友人不妨從占星學理上瞭解何以至此。當友人帶著沮喪且傷痛的心來到珍妮佛諮詢室，第一句話說：「這麼久不見了，沒想到今天的見面談的是這麼傷心的事。」近兩個小時的對談裡，珍妮佛盡可能的讓平日相信一切眼見為憑的具象主義友人，明白看不見的靈魂主人在她與小孩的星圖上是個怎樣的運作、兩人間的宿世共業課題是什麼、她與孩子是什麼樣的本命星圖原型、什麼樣的行運重大剋相、什麼樣的母子合圖剋相，才會發生這人間至痛的死別悲劇。甚至友人先生的星圖有著什麼樣的訊息，同步呈現著家庭意外喪子的陰霾。當友人在星圖中看到命定的悲慟，並不是自己將孩子托嬰造成的嬰

兒猝死，而是孩子本命有著嚴重的小兒關，孩子的靈魂選擇以不
預期來、莫名而倉促的離開人世，來教導母親走入精神靈性的學
習，督促母親擺脫南交處女在子女宮習於在孩子堆裡打轉的過去
世靈魂習氣，走向此生太陽、水星、金星在十宮魔羯應有的社會
作為。

　　珍妮佛知道友人的傷痛非簡單的占星諮詢可以放下的，占星
諮詢只是個知命的開始，只是學習接納天意的起點。要釋放內心
深沉的痛與自責不已的罪惡感，目前更需要的是以Aura-Soma靈性
彩油來紓緩。當友人選出來的靈療瓶是上層粉紅色下層金色的76
號信賴瓶時，珍妮佛在金色中看到了友人胃輪處的感受體，因孩
子的猝死而受到了驚嚇與深層恐懼，在粉紅色看到友人多麼渴求
能再把孩子放在子宮裡呵護的愛，也看到友人自責不該托嬰給褓
姆照料的深層自責與批判。珍妮佛知道對具象主義的友人來說，
把Aura-Soma靈性彩油擦在身上可經由脈輪能量的調和來釋放哀
痛，是件很難接受的事，因此，把Aura-Soma 76號瓶送給她是珍
妮佛最為直接的友情支持與關心。

　　友人在部落格裡寫著：「珍妮佛說：『願生命的重大創傷為
你帶來生活的智慧。請記得孩子的爹地，不預期失去孩子的痛，
只是壓抑在養家與照顧你的職責上，哀傷的淚水是沒有流出來的
權利。』『星圖諮詢的用意不在於那麼宿命的無奈，在於接納天
意的謙卑。願你以自身的哀痛慢慢體悟至痛背後的禮物。』我的
心今天暖暖的，很舒暢。珍妮佛在諮詢過程中讓我深刻的了解一
件很重要的事：我的丈夫正承受著跟我一樣的哀慟！他的命盤也

正是這樣的顯示著！這讓我對辛苦的丈夫感激油然而生，感激他那樣的保護我，一直都在為我默默的付出。即使一起經歷人生如此之悲痛，依然堅強如故。可惜我曾懷疑丈夫對這件事情的悲傷不及我深，才能猶如處之泰然一般。事實卻是因為他愛我、愛家之深，願意默默扛起所有的悲傷，讓他的肩膀可以被我依靠與支撐。我該抬頭多看看他、多愛愛他的。一直以來都為了孩子而忙碌得沒有時間好好相愛了，真的！是該平衡愛的時候了。今天，我又找回愛了。」

59年次的友人以不預期的意外懷孕、不能阻擋的意外喪子被迫面對的中年危機，竟是如此的殘酷；接下來本命月亮金牛即將受剋行運土星獅子引發的階段性憂鬱，與本命月亮金牛對相海王人馬（容許度內的對相）可能引動的精神耗弱，又是另一個生命的考驗。當友人事先明白自己若不能放下喪子之痛的哀傷、若不願跳開托嬰的罪惡批判之自我纏繞，自是容易掉進行運引動的憂鬱與精神耗弱現象，有過產後憂鬱症經驗的她，聰慧的知道該是讓淚水帶走哀傷、讓光與愛帶進生命的時候了！只有走向自我療癒，才有機會再找回愛！

兩天後的友人來電說：「我要去買你推薦的脈輪冥想音樂了！」聽得出來電話的另一端聲音開朗多了。珍妮佛很高興友人踏上了心靈療癒的第一步，雖然這是一條漫長且曲折的旅程，但相信有了第一步，後面的腳步當漸入佳境的愈來愈能歸於自我、愈來愈能體會生命中災難背後的神聖意涵。

第五篇　珍妮佛身心靈諮詢服務

珍妮佛《占星諮詢》

　　以西洋占星學龐大的占星學理為基礎，觀照個人星圖上星曜落入的星座、宮位、星曜間形成的相位，解析個人生命的原型、造物主恩賜的天賦潛能、生命藍圖裡的功課與考驗、靈魂選擇的修習、業力的綑綁，是個人了解此生生命藍圖的基本認知。

❋ 初次星圖諮詢：

1) 你的出生星圖	個人星圖是造物主賜予你的獨特生命藍圖，星圖上星曜落入的星座、星宮與星相，即是影響與牽動你一生命運的生命密碼。
2) 你的性格原型與命運原型	依星曜落入的星座、星宮、星相來解析你的個性、你深層的心理與行為模式。讓你明白「性格」與「命運」的原型如何在你生命中運作。
3) 你與生活面向的關係	你與金錢、工作、事業、愛情、婚姻、家庭、子女、果報間的關係。反映出性格原型與命運原型間的關係。
4) 流年運勢	未來一年的你與行運間的關係，你所問之事的吉、凶、禍、福參考。

第一次占星諮詢需要你提供的資料為：

    1) 你的姓名、性別、已婚或未婚、現職為何（for校正出生星圖用）

    2) 你的國曆出生年、月、日、時、分

    （西洋占星精密至4分鐘為一張命盤，如不知道分，在推運時會有些誤差，但如果真的不知道，只能以你提供的時點Run命盤來進行校正與推估）

    3) 你的出生地、你現在居住的地點

    4) 你的手機或連絡電話

    5) 你現在的工作與你現在最困惑你的事之簡述（for印證個人星圖能量演出之現況）

【預約諮詢】：依2週前排定好的諮詢時間來面談，現場解說星圖能量並回答你的問題或困惑

【預約方式】：來信cwc.jkwang@msa.hinet.net主旨註明：《預約星圖諮詢》

【諮詢時間】：約為1.5小時

【諮詢費用】：NT$2,500

【諮詢地點】：珍妮佛學苑諮詢室

【備　　註】：為維繫諮詢品質及諮詢個案隱私，恕不接受任何未預約者臨時來訪。

進階占星諮詢

　　行運流轉中，木星與土星關乎你與社會的關係，天王星、海王星、冥王星關係著宇宙帶給你的賜福或考驗，在星曜不同週期、同時並進及交互能量運作下，你所關心的世俗成就、心理轉折，盡在其中

木星週期	每一年流轉的木星在你的星圖上，帶來的繁榮與擴張能量與諸星間的關係，對你的行運影響將如何？
土星週期	每兩年半流轉的土星在你的星圖上，帶來的限制與考驗與諸星間的關係，對你的行運限制與磨練是什麼？
天王星週期	帶來創新與顛覆的天王星與諸星間的關係，在你的星圖上引動的不預期改變或建設革新是什麼？
海王星週期	帶來靈性或惰性的海王星與諸星間的關係，在你的星圖上引動的理想或失望是什麼？
冥王星週期	帶來生命重大蛻變的冥王星與諸星間的關係，在你的星圖上引動的世俗財富與權力關係將如何？

【預約諮詢】：依1週前排定好的諮詢時間來面談，現場解說星圖
　　　　　　　能量並回答你的問題或困惑

【預約方式】：來信cwc.jkwang@msa.hinet.net主旨註明：《預約
　　　　　　　進階諮詢》

【諮詢時間】：約為1小時

【諮詢費用】：NT$1,500

【諮詢地點】：珍妮佛學苑諮詢室

【備　　註】：為維繫諮詢品質及諮詢個案隱私，恕不接受任一
　　　　　　　未預約者臨時來訪。

愛情（事業）合盤諮詢

　　以西洋占星學理人際緣份配對的解析，透過兩人星圖間星曜相崁的能量運作，觀照情愛（事業）關係裡的內緣—性格啟動的契合感、外緣—社會與環境的助力、宇宙緣—上天恩賜的祝福或預設的業力功課，做為親密（合作）關係的基石。

　　合盤需要你提供的基本資料為：

1）你的姓名、性別

2）你的國曆出生年、月、日、時、分（西洋占星4分鐘一張命盤，如不知道分，在推運時會有些誤差，如果真的不知道，只能以你提供的時點Run命盤）

3）你的出生地、你現在居住的地點

4）他（她）的國曆出生年、月、日、時、分

5）簡述兩人間的關係及你最想知道的事

6）你的手機或連絡電話

【預約諮詢】：依2週前排定好的諮詢時間來面談，現場解說星圖
　　　　　　能量並回答你的問題或困惑
【預約方式】：來信cwc.jkwang@msa.hinet.net主旨註明：《預約
　　　　　　合盤諮詢》
【諮詢時間】：約為1.5小時
【諮詢費用】：NT$3,000
【諮詢地點】：珍妮佛學苑諮詢室
【備　　註】：為維繫諮詢品質及諮詢個案隱私，恕不接受任一
　　　　　　未預約者臨時來訪。

問之以誠

告之以實

　　絕大多數人的行為習性是遇挫與徬徨時才找個人算命去，至於找何人來算個命，通常是經由朋友介紹推介，或自己到廟宇附近的算命攤隨緣找人解惑。坊間的算命模式因算命者的學養與道德而有很大的差別，遇學養與道德佳者，是機緣的幸運；遇學養佳但道德不佳者，就算論斷精確無比，給的建議對當事人來說未必受用；遇學養差但道德好者，也許不能真正就何去何從來解惑，但對當事人卻是個心理建設與心靈撫慰大過於推估未來的體驗；遇學養差道德又差的來解惑，Oh！My God！不問也罷！

　　珍妮佛在同修的眼中是個在專業學養上很認真的研習者，個人自信在道德上也是個好公民。執業過程裡一直以慢工出細活、戰戰兢兢的戒慎心情來觀照當事人的星盤，怕的就是辜負了當事人的委託，先慢工出細活的預約撰寫諮詢報告再進行面談解析的經驗，絕大多數的當事人都覺得是一個很不一樣的諮詢經驗，對自己的人生歷程藍圖與當下的困惑，有了進一步的認知與體會，並試著在痛苦與徬惶中找出療癒或超越的途徑。

　　珍妮佛很幸運，遇到的絕大多數當事人，大都能問之以誠的、謙虛的面對老天給予的個人生命藍圖，就算珍妮佛直言過往的不順、情愛或職場的傷痛或童年成長背景的艱辛，也能一笑

置之的點點頭，甚至是把初次見面的珍妮佛當朋友般的掏出心底事。這樣的當事人通常受益最多，因為問之以誠的態度讓他（她）有機會與珍妮佛推估出更多未來發生事件或際遇的可能性，以心理建設的態度去面對個人生命歷程的行進間，未來將因何事而喜悅或痛苦。

當然，也有少數冷淡以對的猶似看珍妮佛表演魔術，或對不好的事、負面的人格特質來個全盤否認，卻對好的事、好的人格特質照單全收的當事人。這樣的當事人，仍然停留在以聽好話來窺伺天意，期待從珍妮佛嘴裡吐出「未來的你將如何的功名順遂、福祿壽喜、人生大發、前途璀璨、愛情圓滿、錢多多」說實在，非我風格也。既是來占星諮詢，則要誠懇、誠實、謙卑的面對自己的星圖，這一份由造物主打造的生命密碼，哪裡是珍妮佛為了區區的諮詢費可以胡說八道的亂蓋呢？只為了討好當事人下次再來光顧嗎？這樣的諮詢心態，珍妮佛覺得不必算命也不必諮詢，繼續的活在自欺欺人的沙坑裡，霧裡看花的過人生就好了。

在占星與塔羅這條路上，珍妮佛的老師們一再的告誡：「幫人諮詢解惑要誠實，何人、何時來算一切是機緣中的安排，不需強求。」更何況，珍妮佛給自己的定位一開始就不是算命，而是占星諮詢，是一種與當事人一起面對過去、現在與未來的諮詢模式，是一種透過深層心理分析，由性格中看出行為模式，由行為模式反應生活事件，由事件決定與參與命運的解析諮詢過程。

占星學是神秘學中最為科學性的學理，是可以被解析與驗證的神秘性科學，非為靈性神秘學以直觀或靈性來透析當事人命

運，既是科學性的神秘學，身為執業者的珍妮佛何來為了討好客
戶而巧言令色呢？滿嘴蜜糖、亂蓋一通既是誤人，更是誤己，不
是嗎？

　　親愛的，想找珍妮佛占星諮詢時，先問你自己願意誠懇、誠
實、謙卑的面對自己的星圖嗎？

卸下心防
敞開宣洩之門

　　卸下心防的找個人談談自己、說說自己的困擾、吐出積壓的罪惡、宣洩糾纏的苦悶，多暢快的諮詢交流呀！就算把困擾、罪惡、苦悶說出來，鐵定不會被批判，雖說不一定能脫離或改變現況，但面對與自己沒有情感或關係牽扯的人，可以盡情且恣意的掀開面具、卸下心防的一股腦兒說乾淨，當下片刻心情真的好多了耶！

　　高度文明的西方社會，人我之間的疏離與冷漠、人際情感的隱私與隔閡，使得人們罹患精神官能或心理疾病的比率偏高，心理治療或精神諮詢成了時髦的文明生活配備品。個案躺在舒適的諮詢椅上，在心理醫師或精神醫師的導引下，透過個案與治療師互動的持續談話，雙方努力的找出心理疾病的癥結與潛意識的創傷積壓，進行一連串長期的治療與輔導。許多個案在長時間的談話中，找到了有人傾訴與宣洩的管道，專業治療師也在個案的輔導中學習人性糾結複雜的剖析與治療。

　　在台灣，心理諮詢或精神治療是一般人裹足不前的治療領域，也許是民族性使然，若非精神官能或心理真的出了大問題，到了非看醫生不可的緊迫，大多數的人會選擇算個命來解解惑或吐吐苦水。路邊攤碰撞的簡易型算命、網路裡的電腦程式型算

命、口碑推介的結緣型算命、通靈式的前世今生算命、神壇乩童式的靈力算命……等充斥台灣，無奇不有，各有族群、各有信眾，熱鬧得很。

珍妮佛的占星與塔羅諮詢服務，算不算「算命」呢？如果以廣義的吉、凶、禍、福之探討，好像也是算命，但若以諮詢的內容及交談的方式，又不完全是算命。個案當下的困擾、罪惡、苦悶是諮詢的焦點與對談的核心，個案多層次且立體的性格解析、過往的生命風貌、未來的行運推估亦是諮詢的內容。

諮詢進行中，珍妮佛習於以一個客觀者的角色，透過星圖的解說，讓當事人卸下心防的直指生活隱私、碰觸傷心議題、挖掘創傷來源。珍妮佛以當事人的星圖能量演繹，輔以諮詢進行前所抽出的塔羅牌牌義所指，貫穿諮詢進行間，有算命的風貌，也有諮詢宣洩的價值，當談話的某一段觸動了當事人最脆弱不堪的某個特定點，諮詢桌上的面紙一張張的撫慰著當事人淚流不止的決堤情緒，珍妮佛了解當事人淚水流出時，通常也是心病撫慰的開始，讓當事人把一些長期積壓在心裡、不敢對人說的黑暗與陰影面，通通倒出來，待心靈垃圾倒完後，就算眼前情境依然存在，至少當事人的心靈因情緒的宣洩而新生了面對的勇氣；心智因明白當下的痛苦終究會過去，凡事有時的宇宙定律會讓災難也有了結的時候，看待未來也就不再那麼灰色與恐懼了；情感因了悟麻煩與災難的造成，有一半是自己攪得太深、太過於執著不放的操控與糾結，面對麻煩與災難該如何解套，多半心裡有個底了。

　　親愛的，與珍妮佛進行占星與塔羅諮詢，有點像剝洋蔥一樣的觀照你自己，不管你能不能正視問題的存在多半與自己有牽扯，至少在剝的過程，你會感受到一切的一切，都是生命的學習與考驗；一切的一切也是生命的恩賜與福報。抽離了主觀的「我」之投入，諮詢過後的你在看待那個星圖的主人時，你將有個不同的新認知，這個新的認知會幫助你接納自己、喜歡自己、計劃自己、創造自己。

　　卸下心防的敞開你自己，心病得到了撫慰的開始，多痛快呀！

拂拭心靈
再度諮詢

　　如果你曾經與珍妮佛結緣於占星諮詢，第一次的個人星圖解析，你所看到的是一個星圖能量運作下的生命劇本與靈魂藍圖，你會客觀的去認識那個多層次立體的你，你明白了眼前的困惑或痛苦何來，你多少也知道自己可以做什麼選擇。你可能開始悔悟自己不該做過什麼，或你懊惱著不曾去做什麼，你開始想著未來該用什麼樣的心靈視野過日子了。你知道就算際遇不會改變，但你能夠承受的深度與擔待的廣度，會因為客觀的認識了自己而不一樣了。

　　珍妮佛在諮詢個案中，發現諮詢當事人有幾個共通的特點，其一，心靈水平還不錯的願意誠實面對自己的好與壞、善與惡；其二，會主動尋求心靈層次的解脫，透過心靈層次的轉換來面對命與運的考驗；其三，透過友朋介紹，或因看了珍妮佛的文章衝動前來紓解困惑與痛苦，或長期觀察後冷靜的前來認識自己。

　　諮詢行進間，每當諮詢當事人問：「日後若有事或疑惑，或想知道流年的運勢變化，諮詢的方式會怎樣進行呢？」通常，珍妮佛會告訴當事人：「生命行進的歷程，唯一不變的現象就是命運時時刻刻在變，因為天體運行的星曜與時俱進的移動著，在你的星圖上星曜過宮的週期不一樣，月亮每2天半、水星約14～18

天、金星約23～24天、太陽每一個月、火星5週～2個月、木星約1年、土星約2年半、天王星7年、海王星14年、冥王星可十來年到二十幾年不等，有時候星曜會前進再後退的逆行來回三趟，星曜的運行需以天文曆為準。」

接下來珍妮佛會說明你我的生命際遇，因天體星曜的運行與本命星圖間相崁，而產生諸多同時存在的刑衝會合相位，讓你有不一樣生活面向的吉、凶、禍、福，有些是反映在現實生活的事件，有些是顯現在意識層面的心靈感受。若以生命白皮書的精細度來看命運，理論上每2天半是一個觀照窗口，但若侷限在2天半的命運變化將如何，反是過度的宿命了！因此，以關係著社會動力演出的流年木星與土星的轉變，及宇宙能量演出的天王星、海王星與冥王星的行進來看個人星圖運勢的轉換，搭配塔羅天宮圖看流年的十二大生活面向意涵，應是不錯的年度運勢觀照法。當然，就特定事件也可以塔羅牌占來叩問天意呀！對受過專業占星與塔羅學理的我來說，工具運用自可巧妙變化。甚至是當事人來問事的當下，也可以Run出一張星圖，以宇宙同步性的原理，一樣可以看所問之事的諸多喻意喔！」

92年初春，珍妮佛與隔了十多年才再度諮詢的王中和老師見面，坦白說，珍妮佛早忘了十多年前問創業可否時，王老師曾說過些什麼，有無應驗？創業的失敗責任在己，不在王老師有無提醒。再度諮詢的動機在於大眾傳媒上王老師一直是個知識份子的命理師，感覺上不那麼功利與俗氣，因此，職場上被壓縮到已無空間的煎熬，想透過占星諮詢為自己找一個出路，而彷彿冥冥中

註定的占星路與師生緣就這樣開啟於二度諮詢，爾後，珍妮佛的
人生大不同，在王老師的指導下鴨子滑水的苦心鑽研占星，一路
順利的踏上了中年事業大轉彎。現在你所看到的珍妮佛，萌芽於
那一次的占星諮詢，肯定於後續數次的再諮詢。珍妮佛常對王老
師說：「謝謝你！因為你的啟蒙與開示讓我開啟了事業新窗！」

　　親愛的，珍妮佛與你分享的私人事，是一個受益於占星諮詢
而拂拭心靈的真實人生。當人生有惑、有痛、有苦、有悲時，找
個人客觀的談談，會比自己在死胡同裡打轉或作繭自縛來得健
康喔！

走盛運也需占星諮詢嗎？

逆向思考命運的智慧

　　親愛的，你有沒有發現自己或一般的人，只有在日子難過、生命困頓、哀傷難去、徬惶至極的情況，才會想找個人看看衰運還有多久才會過去，也會好奇的想知道究竟命運的幸運之神何時再光臨？因而糊塗的促成了江湖術士以神秘學之名、假改運之意、為騙財之實的社會新聞事件，或你也能幸運且清明的找到善良的諮詢對象，明白與接納了現況、找到了未來的黎明之光，感覺不那麼難過了。但為什麼沒有人懂得逆向思考，不在生命行盛運之時，找個可信賴的諮詢對象，觀照一下盛運何時過、該怎樣運用自身盛運的能量，妥善的做好人生現況與未來的規劃呢？

　　上行運占星課時，韓良露老師語重心長的說：「生命的懊惱有時在於我們錯過了星圖上行運的好能量，因不明白而不懂得在當時好好的過日子，因不明白後續的行運而讓生命之流的銜接接不上。」是呀！珍妮佛占星與塔羅諮詢執業以來，不是痛苦的、煩惱的、傷心的、憤怒的、悔恨的、迷惘的、猶疑的、憂鬱的、躁鬱的當事人找上門，就是當事人實在是再不找個人倒垃圾，日子要抓狂啦！好像還沒有那個快樂的、自信的、欣喜的、風光的盛運當事人找上門來問：「好日子還有多久呀？我該如何善用這段盛運呢？幸運之後的下一波會怎樣？我該預作什麼準備呢？」

實證的經驗顯示了有趣與弔詭的人性，不是你不夠聰明的不懂得逆向思考，實在是除了少數已到哲人境界的稀有動物，大多數的人都是凡夫俗子的隨波逐流或出了事再找人訴苦啦！當珍妮佛回頭看自身過往的盛運期，真的是懊惱當年沒有好好的在盛運中做些相對可以較好的作為，猛然回頭檢視，才發現時不我與矣！還好，現在的珍妮佛已明白行運力量對應本命星盤的能量，該多做些什麼、少做些什麼的趨吉避凶啦！

　　占星學理上，如果你是個喜歡享受權力與世俗成就的人，預先知道自己何時行運冥王與土星三合本命太陽，絕對是個重要的參考；如果你是個以創意取勝、以科技或另類研發為工作主軸的人，何時行運天王來三合你的本命太陽，可是個生涯上的發光期呢！如果你是個搞藝術創作或宗教靈修的人，何時行運海王來三合你的本命太陽，讓你更有接通宇宙靈性能量的加持，重要耶！這三顆行運速度最短為七年（天王星），中為14年（海王星）最長為20～30年（冥王星）的世代星，在你的星圖上要能夠與太陽形成三合吉相的期間，真的是不可不預知啦！嚇人的威力是當行運三王星—天王星、海王星與冥王星，若正巧與你的本命太陽或月亮形成刑剋相位，找人算命或諮詢，不只是無奈的接納命運的災難或無常嗎？

　　就算錯過了行運三王的盛運，聰明的人總該把握每年轉進一個星座的流年木星，或每兩年半過一個星座的行運土星能量吧！流年木星是老天爺送給人間的幸運能量，對星圖上流年木星與本命太陽三合的走運者來說，要明白俗世繁華是老天爺加持你，可

別千萬自我膨脹的以為自己有多棒就屌起來了；流年土星是宇宙的教練，行運土星讓一個辛苦經營自己的人，在土星與本命太陽三合時收割耕耘的果實，實至名歸的享受該得的成就，印證了皇天不負苦心人的人間法則。

親愛的，懂得逆向思考的在盛運中來個占星諮詢，生命的深度與廣大更不同耶！

我倆緣份如何？

愛情合盤是一定要的啦！

「我倆緣份如何？」這句話是珍妮佛在與個案諮詢時經常被問到的大哉問咧！當諮詢個案當事人誠意又好奇地請珍妮佛幫他（她）看看與某人的關係與緣份會如何？珍妮佛很高興，一方面表示之前的諮詢品質是當事人信賴的，二方面感到當事人的意識是具知覺性的，懂得在愛尚未燒得昏頭轉向前，來個愛情合盤，做為彼此下一步該如何的參考。

以占星愛情合盤的視野來看，合不合指的是那一個面向呢？是意志上的英雄（雌）所見略同，還是看起來很對眼的電流交感？亦或親密猶如一家人的熟悉感？或是在床上廝混時很麻吉呢？相處時是煙花般的浪漫溫情或呆頭鵝的死忠木訥呢？倆人是戀愛緣呢？還是結婚緣呢？緣份是快樂的戀人緣呢？還是飛蛾撲火也要愛到死的爛緣呢？是一份不能完成與實現的地下情緣？是苦苦糾纏、愛不到就毀了伊的造孽緣嗎？倆人白首偕老卻日夜折磨的共業緣？一籮筐的男女情緣，回顧一生你我不就在這個緣字裡兜轉嗎？

靈魂來到世間，無非就為了一個緣字。佛家說因果，果是因之總結，累世之因造就今日之果。生命裡莫不以人與人之間的關係裡，衍生出來的各式故事最為動人，或最令人痛徹心扉的不

堪回首話當年。在時間的歷程中，一個人、一段事或許已是往日
雲煙，但在心靈的國度裡，任何一個與你有過親密關係的人與
事，都是長駐心頭的不曾被遺忘，有些感覺，不在表顯意識，並
不代表這個感覺已過去，它只是很詭異與巧妙地轉入了心靈暗房
擱著，待後續的生活情境或際遇裡有著似曾相識的人與事，那被
遺忘在心靈暗房的心魔與鬼魅，通通都會回來投射在新的親密對
象。這就是為什麼不愉快的戀情、劈腿的、傷情又傷財的故事總
在與你交往的不同對象上發生。

　　神對靈魂的安排是很奧妙的，命運的邏輯總是很奇特地依你
生命的原型，讓你自然的在人海中遇上一起與你演出原型功課的
愛人。不知覺自己愛情原型功課、沒有跳脫傷痛的心，很容易渾
渾噩噩的一次又一次地陷入親密關係的類似痛苦情境。看到此，
請試著安靜地想想你曾經歷過的愛情傷痛，相信你一定可以在不
同愛人間找出對你造成傷痛的交集處，這個交集處就是讓你痛腳
的愛情原型。聰明的、有知覺的你，其實應懂得透過兩人的愛情
合盤來觀察與照顧彼此的緣份，透過兩人合不合得來的多面向分
析，你自會明白「喔！我倆的關係是這樣……的，彼此間的緣份
是建構在……，可能的衝突是……，可能的因果是……」在還沒
有投入太多的青春與真情時來個愛情合盤幸福體檢，相對的，攸
關人生的愛情幸福可能性會不會高一些呢？不管現在的你是未婚
的待娶郎（待嫁女），或此刻的你是陷入婚外情多角關係的困惑
男人（女人），弄清楚兩人的關係與緣份，應是邁向與回歸日後
人生幸福資產的基石。

未婚的待娶郎（待嫁女），經過了愛情合盤後，發現愛只會帶給兩人傷痛時，怎麼辦？已婚外遇的男人（女人）明白了兩人再下去只會身敗名裂，該如何？這是個需要當事人以清明智慧與勇氣面對的問題。是要繼續演出愛情原型功課，讓自己受苦受難？還是慧劍斬情絲地保全比較起來相對的幸福？真的就是個人感情與理智的大作戰了，這樣的答案只有自己最了然於心，不管選擇是繼續或終結兩人的關係，日後的你，都必須為這個選擇承擔起可能的幸福或不幸。但至少你不會再無語問蒼天地吶喊著：「苦啊！愛情！」不是嗎？

占星諮詢答客問

真實個案分享

　　芬在預約諮詢前來信：「我的求學經歷的確很複雜。我對現在唸的學科毫無興趣，說實在，是一連串陰錯陽差之下的結果；或許是身邊的雜音太多+自己個性使然吧，終於讓自己陷入尷尬的處境；情感上，我是一直想往設計之類的方面走，但因從未受過正規訓練，隨年紀增長越來越沒信心，現在害怕的是跟不上別人、天賦又不夠，硬要轉彎好像太過冒險牽強，整個人已經完全失去方向感了。身旁的長輩一直希望我去考外交官，我則希望出國唸書調適一下心情，因為這幾年日子真的很難過，現在算是徘徊在十字路口的茫然畢業生吧！這兩三年來，我好像只是不斷依本能在事件中翻滾打轉而已，真的很希望能知道性格中的死角（那個我找了老半天仍看不到的死角）與缺點能夠現出原形。屆時，過去一連串的生命事件可以更加有意義吧！」

　　珍妮佛回信：「依你所提供的出生時間及地點，火星與土星落入天平命宮，火星對相太陽牡羊的你，本就容易給自己很大的驅策力與成就壓力，身體也易過操勞，容易讓你與生命中重要的男性及你個人與他人的合作意志上有諸多衝撞，因此，如你所言，透過星圖來客觀的認識多層次且立體的自我是件有意義的事兒。你提及現在唸研究所，星圖顯現你對特殊另類的學科有天

賦，但也易有情緒上擺盪的不認同，容易有學習目標及個人生涯角色上的混亂與模糊，研究所的領域也易讓你有情感上的困擾。可否來信告知你所學的是什麼？個人情感上你比較想往那個方向發展？理智上認為什麼比較適合你？這些訊息可以幫助珍妮佛觀照你的星圖時，更快的切入，幫助你在理想與現實的個人星圖間找到一個相對平衡的空間。」

沁來信：「淌血的事情是不容易痊癒的傷口，10年了，都是自己苦自己，很慶幸沒有打擾到他的生活，兩個人中至少有一個人是幸福的，這樣的結果讓我覺得安心。我的傷心在忙碌的日子中隱藏的很好，不會有人看見的，其實我一直都不想放棄，不知道究竟心裡還想堅持什麼？很怕自己會太傷心，也一直鼓勵自己要堅強，這樣的我很矛盾。說真的我很想找一個人說說，但是我不想聽到別人勸我想開一點，我自己都知道要怎麼做，可是，請給我傷心的時間，可憐了，我的心靈姊姊珍妮佛。」

珍妮佛回信：「與心愛的人進入婚姻的修道場，也是晴時多雲偶陣雨的生活修煉啦！真的別用『我執』來框住自己的幸福，但他是否幸福未必得知喔！但祝他幸福真的是你必須有的最高靈性修為。」

一年多前諮詢的琪來信：「很快的新的一年又到來了，離上次跟你諮詢已近一年，希望你一切都好，最近在回顧2005年的種種時，回想當初諮詢相談內容，幾近應驗，心裡折服，卻也害怕著當時所提2006之預言成真。」

珍妮佛回信：「一時之間想不起來，調閱出資料才想起，當

時你來諮詢愛情合盤，就美國與台灣兩地分別解析兩人的愛情緣份。你為了他遠赴美國。為了婚姻你忐忑不安。不要害怕預言是否成真？如果成真表示老天爺要你經歷這一回，背後自有禮物，只是我們一時之間弄不清禮物的真義。」

　　親愛的，三個不同的個案─芬、沁、琪，各自有著不同的煩惱與苦悶。芬徬惶於學業與人生前景的打造、現實與理想的拉扯；沁苦澀於纏繞不去的過往情傷、走不出幽靈情人的綑綁；琪擔憂過去的應驗間接預言著未來推估的可能。諮詢過程中，珍妮佛除了解說星圖上傳達的占星語言，不也包含著旁觀者清的生活智慧嗎？當局者迷、旁觀者清的「清」，不就在於抽離的客觀嗎？親愛的，遇上人生苦澀、煩悶難解，其實只要懂得抽離，懂得以生命更高的我來看待當下的我、過往的我，那麼未來的我是不是更有機會的好過些呢？

珍妮佛《塔羅問事諮詢》

　　塔羅牌是一種工具，是一個古老的智慧系統，以圖像來表示象徵的能量。透過塔羅解牌師對象徵能量的理解，可以幫助問卜者做世俗的、幫助的或創造性的命運觀照與解析。

　　藉由大小塔羅78張牌牌義的本質與喻意，對應所問之事的塔羅牌陣，珍妮佛可以幫助你覺知到生命內在的世界，讓你瞭解你的內在世界，是怎麼樣透過所問之事的改變和移動的存在著；不管你喜不喜歡塔羅牌牌占給你的答案，它都是你生命之流裏自然的存在狀態，透過這個存在的狀態，你有機會在生命裏敞開與學習。

　　塔羅牌占卜的專業解析，可以幫助你看清頭腦裏那個更高層次的你早已知道的答案，找出潛意識邁向自我探索的道路，檢視你所問之事對應你自己的頭腦和情感運作的層面，把你看不到的潛意識訊息反映出來，讓它呈現在外。

　　珍妮佛的塔羅牌占卜，純就你所問之事來解析，不管所問之事是盛運喜事、鴻圖大展，或困難挫敗、荊棘橫陳，或關係錯亂、五味雜陳，珍妮佛忠於牌義、不批判、不評論的純然解讀，期待塔羅牌裏蘊含的客觀覺知能為你帶來生命的蛻變，走過生命之流應有的存在。

【諮詢特色】：結合你的出生星圖，對應你所問之事的占卜牌
　　　　　　　義，提供現況分析、運勢推估、事件走向參考。

【預約諮詢】：依1週前排定好的諮詢時間來面談

【預約方式】：來信cwc.jkwang@msa.hinet.net主旨註明：《預約
　　　　　　　塔羅問事諮詢》

【諮詢時間】：約為1小時

【諮詢費用】：NT$1,500

【諮詢地點】：珍妮佛學苑諮詢室

【備　　註】：為維繫諮詢品質及諮詢個案隱私，恕不接受任一
　　　　　　　未預約者臨時來訪。

珍妮佛《Aura-Soma身心靈諮詢》

Aura-Soma平衡油的使用，是依著你用「心」選擇出來的4個靈性彩油瓶，依序從第二瓶（靈療瓶）→第三瓶（當下瓶）→第四瓶（未來瓶）→第一瓶（靈魂瓶）來使用。

對照每個瓶子所對應的身體部位擦拭，經由皮膚的吸收進入身體，在Aura-Soma靈性彩油瓶中光與顏色的波振動頻率下，進行人體脈輪能量的調整，達到情緒創傷的釋放與紓緩，完成每個階段不同的奧妙靈性體驗。

因此，如果你對Aura-Soma不具干預性的靈性療法有興趣，珍妮佛邀請你來諮詢室與106瓶靈性彩油親自進行當下視覺與內在聲音的對話，自己用「心」「選」出你最需要的彩油瓶，來滋養你的靈魂需求。

珍妮佛樂於與你聊聊你所選出來的彩油瓶，顏色背後的情緒意義、心理意義、靈性意義各是什麼？對照直覺塔羅牌陣顯現的身體七脈輪與身心靈狀況，看看你選出來的靈性彩油瓶，與你的高層自我所要透露給你的身體、情緒、靈魂間的訊息是什麼？

當然透過個人星圖看生命藍圖與靈魂課題，與你自己用「心」選出來的Aura-Soma靈性彩油瓶間的訊息間的關聯性是什麼？也是珍妮佛可以為你進行身心靈諮詢的整合內容。

英國進口Aura-Soma靈性彩油，每天早晚擦拭對應的身體部位，一瓶約可使用2～3週。4瓶為一個階段的靈性滋養過程。你可以依個人預算自行選擇你要進行的諮詢方式、自行決定你要帶走的彩油瓶數量。

Aura-Soma 106瓶靈性彩油資料，詳珍妮佛學苑http://www.cwc168.idv.tw

【預約諮詢】：依1週前排定好的諮詢時間來面談，現場解說彩油能量並回答你的問題或困惑

【預約方式】：來信cwc.jkwang@msa.hinet.net主旨註明：《預約Aura-Soma諮詢》

【諮詢時間】：約為1小時

【諮詢地點】：珍妮佛學苑諮詢室

【備　　註】：為維繫諮詢品質及諮詢個案隱私，恕不接受任一未預約者臨時來訪。

第六篇 珍妮佛學苑課程動態

《光的課程》靈性修持「光」與身體之對應

白色之光
金色之光
藍色之光
綠寶石之光

粉紅色之光
紫水晶之光
薄荷綠之光

黑色之光

頭頂上方六吋　　靈魂中心點
頂輪
心心輪
喉輪

神經叢輪

海底輪

腳底下方六吋　　落實黑色之光

圖片提供：光的課程帶領人Michelle老師

《珍妮佛占星班》

　　珍妮佛將得自兩位占星恩師—王中和老師與韓良露老師的學習菁華，及結合珍妮佛在一張張不同個案的星圖諮詢對談中所累積的占星實證產出，以不藏私、不保留的方式傳遞出去，期使生命的困惑者、探索者、自省者、助人者，與珍妮佛一樣有機會得之於占星、用之於占星，活出心靈成長與生命萬象的機緣。

珍妮佛占星班開課班別&內容：

班別	授課內容	堂數
A、入門班－1 　本命占星星座、 　星宮26講	1) 10大星曜—太陽、月亮、水星、金星、火星、木星、土星、天王星、海王星、冥王星的星曜動能 2) 12星座—牡羊、金牛、雙子、巨蟹、獅子、處女、天平、天蠍、人馬、魔羯、寶瓶、雙魚座的星座原型 3) 10大星曜&12星座的能量 4) 10大星曜&12星宮的能量	26堂課
B、入門班－2 　本命占星星相12講	10大星曜—太陽、月亮、水星、金星、火星、木星、土星、天王星、海王星、冥王星的刑衝會合能量效應	12堂課

C、中階班 　　行運占星班36講	行運外行星：木星、土星、天王星、海王星、冥王星與本命10大星曜的刑衝會合能量效應，所引動的心理情境與命運變化	36堂課
D、高階班 　　人際緣份占星班 　　32講	1) 10大星曜的人際相位合盤效應 2) 12星宮的人際宮位合盤效應	32堂課
E、占星靈修班 　　—靈魂占星	1) 南交點・北交點& 12星座與12星宮 2) 凱龍星& 12星座與12星宮 3) 福點&12星座與12星宮 4) 10大星曜&南北交的刑衝會合相位 5) 10大星曜&凱龍星的刑衝會合相位 6) 行運木星、土星、天王星、海王星、冥王星&本命南北交的刑衝會合相位	可視學員 需求議定
F、占星解盤班	星圖實例解析及學員Q&A	8堂課

【教學特色】：

　　採小班制8〜12人精緻教學，每一堂課除教導占星學理，並輔以學員及暱名個案星圖對應解析，期使占星知識的教與學在雙向互動中，啟發占星知識與實證理解，循序漸近的帶領學員深入體會與領悟占星奧義。

【課程設計】：

　　採進階式教學方式，非概論占星套餐的課程。認同占星學是神秘學中的物理科學，願意以做學問的心來探索占星學，可以參考的課程選擇：

1) 無任何占星學理認知，期待打好占星基礎認知者	先以入門班本命占星—星座、星宮26講開始，學會分辨10大星曜與12星座及12星宮間的細微差異，再進階至B班的本命占星星相12講，建立解本命靜態盤的精確基礎學理。
2) 已有星座及星宮知識，但不盡明白星曜的刑衝會合效應者	以入門班本命占星星相—12講，掌握完整詳實的星曜與星曜間的動能變化，是解析本命靜態星圖的必要進階學理與途徑。
3) 具星座、星宮、星相知識，想進階至掌握動態運勢與心理情境變化者	進階至行運占星—星相與星宮36講，瞭解帶動生命風貌轉換與命運變化的5大外行星—木、土、天、海、冥與本命星圖的10大星曜，崁出的刑衝會合效應是什麼，帶動的心理情境將如何，是學會解析命與運的關聯性必要連結。
4) 對人際合盤有興趣者	人際緣份占星32講，透過合盤星曜間的能量流，知己知彼，適已上過星座、星宮、星相課程者或已具本命星圖解析能力者
5) 特別對靈魂意識的探索有興趣者	靈魂占星，讓你明白星圖上刻劃的靈魂宿世課題與帶來的今生影響是什麼？以靈修占星知識進入個人意識與靈魂意識的深度溝通及生命創傷療癒，適已完全具本命星圖解析能力者。

【上課地點】：台北市珍妮佛學苑教室

【歡迎洽詢】：認同進階式學程設計課程者，請來信

cwc.jkwang@msa.hinet.net註明：《珍妮佛占星班》，

珍妮佛會進一步與你說明。

你認識自己嗎？

知命開啟你自己

　　古希臘哲人蘇格拉底說過：「你認識自己嗎？」這句話到了20世紀的今天，仍是人們終其一生尋尋覓覓的自我終極目標。珍妮佛在自身的生命經驗裡、在占星諮詢個案的晤談裡，強烈而明顯的感受到「認識自己」是開啟生命潛能「知的開始」；是面對人生際遇起落中「悟的起點」；是打開未來生命道途「展的基石」。

　　台大畢業、40歲前的珍妮佛，並不明白自己有潛力可以心靈諮詢為工作的選擇，也不了解人生際遇中許多的不快樂源自於生命的潛能沒有發揮出來，與許多大學畢業生一樣的在職場上載沉載浮。也曾風光，但風光的背後卻是扛上權力的殺業，弄得自己憤怒、別人也抓狂；40歲以後的珍妮佛，在投入占星學研習的歷程裡慢慢的咀嚼，品嚐出生命滋味的酸甜苦辣，皆因自己的個性而牽動了命運的演出，明白過往指責造成自我命運影響的外在人與事，只不過是過去不認識自己的藉口與推諉。

　　每當占星諮詢的個案，聽到自己的性格面具被珍妮佛說的第一句話給掀起時，臉上總難掩飾的露出了認同的笑，不管這笑容背後的心路歷程是歡笑或苦澀。再繼續往下聽時，當個人外在的自我顯現、內在的私密情感流動、美感的喜好、情愛的渴求、情慾的表達、心智的運用、社會的形象、幸運的歡欣、壓力的痛楚

是個什麼樣的特性與傾向時，彷彿洋蔥似的一層一層給剝下來的漸進坦露，更感到占星學的神奇與奧妙。素昧相識的珍妮佛又沒有通靈能力，怎能憑著一張出生星圖就說得如此貼近呢？更不可思議的是，連自己都不是很清楚的潛意識心理，怎麼也能夠被描述出來呢？

如果你問珍妮佛，占星學真的那麼神嗎？我會坦白的說：「珍妮佛之所以信仰占星學，對占星學之於個人的命與運的解析如此高度認同的原因，真的是因為它就像一面鏡子，把每一張星圖主人的性格自我與命運起伏間的關聯，一一隱藏在占星學裡的星曜密碼中，透過星曜密碼的解析，自然是撥雲見霧的漸近明朗，終至能直指核心的說明白、講清楚。如果不能透過星圖的說明白、講清楚，在於解圖人的占星學理功力不夠紮實、個案諮詢的經驗不夠豐厚，並非占星學不能詳盡於人生命運的解析。」

珍妮佛慶幸老天賜福的讓我在學習過程裡，得自兩個不同老師的教導而各取所長。在占星名師韓良露老師的指導下，盡得占星學理精細內裡的邏輯思維、巧妙奧義；經由占星名師王中和老師的教導，學會化繁為簡、切入星圖主軸，把繁複的星圖現象以簡要的方式勾勒出來。過往工作經驗造就出來的口語表達及長期撰寫電子報的文字運用訓練、個人性格的積極勇敢面，讓珍妮佛比許多學習占星的同好們，相對快速的進入占星諮詢的實務工作，在個案的服務裡實際見證占星學理的奧義。

當珍妮佛走過學習占星大道的路程，邁向把占星知識傳遞給有興趣進來挖寶的有心人時，珍妮佛自然的想到「認識自己」將

是學員們透過占星學的學習可得到的第一個「神的禮物」。透過星座、星宮與星相間的知識理解，它將像是打開生命潘朵拉盒子的鑰匙，讓握有鑰匙的人能看清自身性格自我的真象，在生命的行進間咀嚼性格自我與際遇的關聯，是以一個什麼樣微妙的方式運作著。明白了這一點，外在所發生的一切人與事，將不再是命運乖違的怨懟藉口，有機會因知命而更反躬自省的往內走，找到無論外在命運如何，生命依然怡然自得的喜悅。

想知道運程將如何嗎？

來學占星吧！

　　有人問：「認識自己」是與珍妮佛學習占星學可以得到的第一份「神的禮物」（占星學的智慧猶似神恩之賜的美好喔！），那第二個「神的禮物」是什麼呢？珍妮佛個人的體會是：「啊！哈！生活運勢的理解與參與盡在占星學裡喔！」

　　珍妮佛占星諮詢個案，第一次的諮詢晤談除了可以知道個性自我是個什麼樣的風貌外，也可以知道當年的生活重點運勢將如何？以占星學來說流年運勢是個動態且立體的星曜相崁的綜合解析，專業的占星諮詢師必須很盡責的為當事人觀照清楚行運的木星、土星、天王星、海王星、冥王星與個人本命星圖間，將形成什麼樣的相位、對什麼樣的生活領域將帶來影響、影響的內容及徵象又將是什麼？各自引動的時間點大約是何時？更要仔細的看出在行運木星、土星、天王星、海王星、冥王星引動的運勢下，內行星—太陽、水星、金星、火星運行的時程，牽動的變化是什麼？

　　如果說《本命占星》的「認識自己」是個人「知命」的開始，那麼《行運占星》將是個人「解運」的必須，解運的「解」，解的是「解析」與「解釋」命運的變化、接納命運變化後的自我修正、明白命運變化下可以開啟的自我創造，並非解運祭煞的解除命運的坑洞、免除命運的考驗、跳脫命運的挑戰。

　　《珍妮佛占星班》除了基本的靜態命運自我的《本命占星》課程，當然也有動態自我的《行運占星》學程。珍妮佛個人的心得是必先知命方能解運，因為性格影響命運、命運決定未來的相扣性，任何一個想掌握占星學的學員們，絕不能馬虎的跳過基本功，以為基本功不重要的直接跳進行運課程，保證是空有樣子與架勢，但卻沒辦法仔細分辨星曜落入不同星座、星宮、構成不同星相間的差異，更何況是為自己或他人解運程呢？

　　珍妮佛從不懂占星是何物，由王中和老師啟蒙，再到精進於韓良露老師200多堂課的專業占星學程，前後四年奮發苦學有所成，欣喜的擁抱占星、投入占星諮詢的心靈助人工作，占星之於我，已是一份神恩的愛與神賜的禮物，只是祂以不言的方式透過人間的知識學習讓我領受。

　　親愛的，正因為珍妮佛有著如此深刻的感恩與體會，才會理想主義的以課程前舉辦《珍妮佛占星班》說明會的方式來邀請有心進入的學員們參加，一方面你我得以先認識，讓你有機會以直覺來選擇或決定，自己是不是要跟隨珍妮佛，投入這個漫長學習但卻終生受用無窮的學習工程，二方面珍妮佛也有同等的機會來選擇，要不要帶領你進入這需要以尊敬與投入來研習的占星學程。畢竟，教與學之間的愉悅氛圍、流暢溝通是你我未來在占星知識傳承與接收上快樂與否的前提，不是嗎？

　　有興趣與珍妮佛研習占星學的你，歡迎來信。

　　cwc.jkwang@msa.hinet.net 主旨註明：《珍妮佛占星班》

欣喜進入占星研習

正滋潤著生命

　　沒有想到自己會有這樣的幸運遇見學習占星的機緣。

　　一開始只是單純的想支持珍妮佛開課，但是沒想到真正受惠的竟是自己。

　　喜歡班上每一個不同背景的同學，用最真誠的心帶給我不同的生活感受。

　　課程開宗明義的第一課：學會『尊重』每一個人星盤的演出，更是我三十幾年人生來難得的領悟。知道每一個星座的真實能量、宮位的能量演出與星曜相位間的刑衝會合後，我看自己的每一顆星開始都充滿喜悅。正如自己常常開玩笑的說：180度就將能量隨情況左右移動，90度的刑就自己轉個彎就好。上天的安排有時候也需要自己的智慧來轉換演繹喔。所以太陽天蠍與月亮牡羊的我，不再是內外不協調的表現，而是內心充滿熱情與外在冷靜思考的綜合體。固執的金星天蠍，放不下的幽靈情人也幻化作心中永不消失的記憶。至於土星的課題，就像同學說的，常常排休放土星的假，那麼土星就沒有業力的問題反而生出穩定的力量。

　　喜歡珍妮佛的智慧、同學們的溫柔、貼心、真誠、聰穎、慧詰、沉靜、執著，謝謝你們豐富了我人生很特別的一頁。也因為你們，這條探索靈性的路程讓我不覺得孤獨。

最後終於用上我的星盤中最逃避的星座能量，受限於水星天蠍的緣故，我無法以長篇大論來抒發自己心中超多的感動。所以就用水星天蠍標準的600字來感謝這一切。（晴）

親愛的，感受到珍妮佛在教導占星過程中所得到的回報嗎？每個週末，固定與學員們展開一整天的教學互動，學員們從連星座與星曜符號都不太會畫，到漸漸能看著他人星圖說出星曜與星座符號中隱含的能量語言，讓珍妮佛有一種孺子們可教、宇宙善知識得以傳遞出去的欣喜感，珍妮佛相信這一班將來必有人能夠成為他日占星之師，諮詢或教導與其各自有緣的人。

昨天不經意的翻閱天文曆，發現《珍妮佛占星班》開課日時係行運土星在獅子，正巧合的與珍妮佛金星雙子六分相，無怪乎這一班創始學員們與珍妮佛的師生情誼在教學互動中愈見醇厚，而他（她）們也各自在占星研修課堂上找到了生命被占星知識滋潤的豐富感。

占星學理土金三合是個利於長期計劃與作為的好相位，不但基礎夠紮實，也能帶來好的收獲，六分相的力道雖弱了些，以珍妮佛占星班教學實證看來，還是挺不錯的喔！有趣的是，占星學員中，有幾位在珍妮佛靈性修持喜悅的分享中，自然的成為《光的課程》同修，這種白天上課是師生，晚上在光中成為同修的雙軌情誼，真難得！

學員們開心，珍妮佛也歡欣，這就是《珍妮佛占星班》&珍妮佛學苑《光的課程》身心靈課程的魅力喔！錯過的你，還等什麼呢？來加入吧！

玫瑰綻放了

占星研習之於她

　　當珍妮佛占星班進度跨入十大星曜&寶瓶座與十一宮時，對應寶瓶座徵象的時代新精神及十一宮的友朋團體分享，珍妮佛請學員以自由來稿及筆名呈現的方式，由珍妮佛轉貼發表在電子報上，分享給電子報的讀友們，讓更多在門外徘迴、遲疑要不要進來掌握生命鑰匙的觀望者，有個參考。以下即是珍妮佛占星班創始學員之一Rose的分享：

　　坦白說，剛開始學占星，是很痛苦的。

　　看著自己星盤那一條條代表剋相的紅線，以及讓人感覺壓力沉重的土星、捉摸不定的天王星、迷離難解的海王星及黑暗深沉的冥王星，自己往往看著、想著，便惶惶然哭了起來，覺得自己只是顆無力的棋子，任憑命運的安排撥弄。

　　然而，在哭了幾次，最後不哭後，卻也是我踏上了知命造命豐富旅程的開始。

　　我開始注意到與紅線纏繞著的往往也是代表吉相的綠線，我雖然有日海的剋相，卻也有日木及日冥的吉相來解。雖然有金星與天王星的剋相，卻也有水星與天王星的吉相來安慰。原來這就是老祖宗所教的「禍福相倚」，即便有行運

來啟動剋相，吉相卻也同時啟動，這難道不也是老天爺要來告訴我，要我隨時保持勝不驕的謙虛，敗不餒的信心嗎？

有一句話說的好，你所關注的東西會慢慢開始變大。當我開始關注綠線後，土星從壓力轉成智慧，天王星從捉摸不定變成慧點、海王星是慈悲、冥王星則是重生。我的星盤不再是叫我恐懼的魔咒，而是隱藏著宇宙無限智慧、無限美麗、無限慈悲的藏寶圖。這叫我怎麼能不感謝上蒼，給我這個機會遇到珍妮佛，進而拿到了這份屬於自己的藏寶圖，也開始往尋寶的豐富旅程邁進呢？

這趟旅程，或喜或悲，或辛苦或順利，但我知道，只要手裡緊握著藏寶圖，即使迷霧重重，也不再失去方向！

Rose 95/7/30

收到這信當天，正巧是七夕情人節，信件的內容觸動著珍妮佛，內心感動著學員經由占星知識的學理理解中，看到造物主在自身生命的安排已不是恐懼的魔咒，而是隱藏著宇宙無限智慧、無限美麗、無限慈悲的藏寶圖。珍妮佛知道Rose在占星學理的初級階梯中，經由基本占星學理的「知」已悟出生命本是靈魂來到地球演出悲喜一場、辛苦與順利的交疊。造物主給Rose的星圖沒有改變，但Rose卻因對自身生命的「知」透了占星學的理解，而有了心識的轉化與提升，這心識的轉化正是Rose生命邁向成長、面對未來人生際遇考驗的最佳生活智慧，任誰也帶不走它。

　　珍妮佛為Rose高興的另一個原因更在於：木星在一宮的Rose
幸運的在31歲即參與了人類高等心智—占星學的研習，而珍妮佛
卻是在生命歷經矇昧無知的少年得志→前中年危機的創業慘敗的
失志貧窮→中年的職場權威課題承受，才在占星學的研習裡找到
活出生命的自在與喜悅。在繼續研修占星高階課程—星曜逆行＆
十二星座與星宮的珍妮佛，更因進入占星學理的靈魂研修層面，
對每一個來找珍妮佛占星諮詢的星圖主人，與每一個前來與珍妮
佛學習占星的學員，充滿了感恩之意，因為每一張星圖的背後都
是一個活生生的生命演出，其間的悲喜、起伏、轉折，真實的印
證著占星學理中的宇宙法則，隨著一張張星圖的諮詢解析，珍妮
佛對生命的敬畏與面對造物主的謙卑，自然內化的跳脫了只是頭
腦層面的知；透過教導占星把宇宙法則傳遞出去，讓宇宙法則自
動開啟學員的生命智慧及心識境界，欣喜的感覺，無以言喻。

原來不是我怪ㄎㄚ
珍妮佛占星班點滴

親愛的珍妮佛…

「好快喔！第一階段的占星課程即將結束，對我來說好快又有點不真實，因為總覺得都是第一次上課的感覺，所以對於即將結束的課程有點覺得不知所措。看了看自己的星圖，似乎所有的疑惑都豁然開朗，原來不是我「怪ㄎㄚ」，而是老天爺所安排的，例如：因為海王星的能量，讓我在專科唸書時就對「星座」產生興趣，也因為是射手，讓我在出社會時那些年經歷了海外遊學，這些都是比別人早一步，且又坐落在11宮，所以近幾年認識了靈性的同好，這樣一步步的安排讓我不僅覺得人生是多麼有趣，相對也看開很多事！

記得剛開始時很認真的拿著自己的星盤來做對應，總覺得就像「32,33台」一樣，很執著在於：是、不是，對、不對，好、不好等等的，但到現在，這些對我來講不是很重要了，因為了解老天爺所安排的課題之後，所有的一切作為都在於「自己」，「自己」才是最難修的，所以感謝老天爺雖然讓我有日冥、日天刑，但卻送給我月金、月土、月天三合，讓我接受了也了解到—外在「日」的能量像是代表著我的工作與健康，就像這幾年的煎熬跟壓力，但隨之帶給我的

卻是我內在「月」的能量，帶給我心靈上的成長，這可是很難得的，我想心靈上的富裕才最重要的吧！找到自己做自己比較重要吧！

當然我的星圖不是三兩句話就可以講完，但現在的我把星圖當作是我另一種語言，而不只是「論」命圖，期待我可以把這拼圖拼起來，讓這門學問更完整，當然也要感謝認識到珍妮佛，讓我有機會開啟了這扇大門…（我外星人終於找到家了……厂厂）

總之，我很喜歡我們的這一班，雖然是坐在後面默默的看著大家，但發現大家的認真、大家的開朗、大家的侃侃而談，這感覺真好！Take Care & Good Luck！」Amber 2006/8/9

親愛的，這是珍妮佛占星班第一期學員Amber在本命占星—星座與星宮26講的課程尾聲中寫來的分享信，果然很有月亮寶瓶三合天王天平的味道，「原來不是我怪ㄎㄚ」這句話說得妙極了！Amber是珍妮佛93年秋天即相識的占星諮詢個案，當時的她經朋友介紹來與珍妮佛進行星圖諮詢，在工作上一直質疑自己是不是做錯行的煎熬及日日存在的業務績效壓力，逼得她常常活在自我懷疑與不安的情緒狀態裡，在諮詢過程流露的言談裡經常是失意又不甘心，想放棄又不知下一步在哪裡？一年多裡的後續諮詢過程中，Amber以信任珍妮佛推介Aura-Soma靈性彩油使用的心情，開始啟用Aura-Soma，沒想到從此愛上了Aura-Soma，成為最忠實的使用者。在Aura-Soma所帶來的情緒紓緩與靈魂滋養下，現

在的她換了新公司、當上了帶組織的主管職、也跟著珍妮佛進入占星知識大道的研習，開始有能力以不再驚慌的情緒來面對依然挑戰處處的每一天。

珍妮佛在Amber在信件裡看到她從星圖裡的是、不是，對、不對，好、不好等等的，跳脫到了解老天爺所安排的課題之後，明白所有的一切作為都在於「自己」，「自己」才是最難修的，珍妮佛為她感到高興，因為生命裡的靈性之光，已經由占星知識修的途徑，照進了她的生命，洞悉了黑暗力量原來是心念所致。

珍妮佛在上韓良露老師的靈修占星學時，韓老師曾語重心長的說：「所有星圖上的剋相被引動時，並非天上的星曜像隕石一樣的掉下來弄得當事人遍體麟傷，若非當事人心念呼應了星圖剋相的力量，任憑星曜剋相再凶，倒楣或災難的現況也不致於一塌糊塗的不可收拾呀！要懂得修心即是斷念，佛家說的人性五毒—貪、瞋、癡、慢、疑，不就是心念所引動的心魔嗎？」是呀！看過眾多個案星圖的珍妮佛，完全體會這人性五毒的運作，繫之一念啊！在《光的課程》或《奇蹟課程》裡，上師或聖靈們一再提醒與引導的，也正是萬事萬物存乎一心，只有找到生命的真理，才會明白小我我執的虛妄與空無。

她學習占星的心情分享

珍妮佛占星班點滴

親愛的珍妮佛：

「昨天回家路上我不斷思索，發現自己竟在不知不覺中有了些改變，似乎是在占星的路上些微成長了，以下是我想分享的心情：

首先是從你問我Aura-Soma沐浴乳的使用開始，仔細回想到目前15天的情況，使用的第一週，碰上一些事，情緒非常的混亂陰暗，老往不好的方向思考，不禁嘀咕了一下：「到底愛與依賴的問題在我身上是什麼？」過了一週後，伴隨事情的解決，心情也好了起來。今年夏天我改變了過往睡前洗澡的生活方式，變為下班一回家就洗，但是一身疲憊常常回到家就不想動，最近不同了，總是很開心和精神奕奕的準備洗澡，洗前必定打開瓶蓋輕輕吸一口氣，感受那股清香不刺鼻的舒適氛圍，洗後瞧見被霧氣朦朧的瓶身，無法名狀的幸福感完美感頓時而生。

直至之前參加了《打開心靈與身體的結》說明會，細思我所挑選的彩油（99、98、95、74），縱貫其中的主要色彩，不就與我挑選的Flower Shower珊瑚色呼應嗎？不論是沐浴乳、彩油這類靠抽象的、意境的、氛圍的使用品，我總覺

得多少有些自我催眠的味道，因為先從Flower Shower上自我陶醉感應到了幸福，於是挑選有這樣色彩的彩油。

再說最近在我身上的改變，不知是否因為Flower Shower的使用滿足了我對愛的需求，又或者是經過時間的醞釀發酵，更甚是透過了占星的學習，我發現自己不那麼容易受傷了。猶記剛開始上課的時候我曾說過，覺得自己從金冥對相中得到的好像只有恐懼，那時自己蠻憂心下一次同樣情況的發生，因為我既沒有從中學習到什麼，再要面臨同樣的事，真覺得自己命苦。但是昨晚看著自己的星圖，想找找新的線索體悟，突然發現我用著「這個人有金冥、金土、月冥、月土對相的課題」來看待，而不是「我有…的課題」，跳脫了以往自憐自艾自戀式的情緒，甚至覺得這也不過是世間眾人課題的其中之一罷，對於這樣的改變，真真令自己吃驚。另外，過去常聽了他人無心之言而受傷，又或執著於他人對我的看法，往往被他人施加在我身上的情緒所束縛，對於被誤會久久不能釋懷，現在我會知道那只是對方無心的；那只是他個人的看法；那只是他個人的情緒。甚至我會對自己說：「不要以為把你的情緒丟到我身上我就該接受，不要想把你的不滿用讓我也不好過的方式來得到救贖，那些你自己該去想清楚的問題，我不會替你承擔。」就這樣，或許我也找出了一個擺脫情緒勒索的方式。

過往總是氣餒自己沒什麼長進、改變，或灰心於「我就是這樣，沒救了」。現在察覺到這種一點一點、一絲一絲的

漸變，讓我覺得前路是光明的、充滿希望的。對於如果能回到過去，自己卻不能做出更好的選擇，那是因為從來沒有後悔過自己的選擇。心酸於必須這樣的走來才有現在的我，卻也欣喜於自己通過老天的考驗。每思及此，不知是痛是感動的淚水就會滿溢眼眶。對於現在的生活我很珍惜，也很感謝自己衝破日天180的相位前來學習占星。

對我來說，「珍妮佛學苑」好似一個靈性修習的殿堂，學員們可憑自己的需求，選修自己喜愛的課程。又似源源不絕的心靈補給站，隨時為學員的人生加油打氣。我很幸運自己是創始學員的一名。」

《珍妮佛占星班》第一期學員螢火蟲在珍妮佛學苑研習占星、參與Aura-Soma靈性彩油體驗活動的分享，本命金冥、金土、月冥、月土對相的她，一開始既期待能透過占星研習的理解，像剝洋蔥一樣的能看清每一層面的自我，又害怕當逐漸看清自我星圖需面對它的恐懼，到現在漸能抽離客觀的看待過往、接納當下，也在Aura-Soma體驗活動中享受色彩頻率疼愛身心靈的神奇，並經由先使用Aura-Soma沐浴乳（可洗頭髮與身體的純天然身體清潔用品）來親近它、體驗它，而找到了神奇的喜悅感。短短2個月，學員螢火蟲上課時臉龐的笑容愈見開朗，如工藝品般精緻的筆記更愛心分享給班上同學，看到她開心了起來，珍妮佛心頭湧上說不出的欣喜。

王中和老師看奇蹟課程

文／王中和

這個世界不是完全是夢的，是真妄合和。

易經說，易有太極，是生兩儀。太極生兩儀是透過兩個門，一個是進來的門，一個是出去的門。請問你家裡進來之門與出去之門，此兩門是兩個門還是一個門呢？一個叫真如門，另一個叫生滅門，凡夫只在生滅門裡（就是你說之夢裡），不知生滅與真如乃一個進來門與一個出去門，此兩門是一門，而開悟者知道此世界真妄合和運作。謂之一心開二門。

對於未悟的人而言，此世界確實如夢；對於已悟之人而言，此世界真妄合和而運作。哪裡真？哪裡妄？已悟之人很清楚，如同夢不離做夢之人，做夢之人乃真，夢乃妄；已悟之人當下見到他沒離開上帝；未悟之人不知他是哪裡未離開上帝？所以此世界一切是夢，夢也是真妄合和運作啊！想想看：大海水有沒有生泡沫呢？泡沫是不是大海水之全體呢？你的哪裡未離開上主呢？

你因未證悟此事，在夢裡找不到做夢之人，不知夢也是真妄合和運作，故創造了一個孤懸絕立、有體無用的東東，然後說小我一切是夢，其實小我從未離開大我，哪裡未離開？試道一句來？已悟之人確實看到他未離上主，哪裡真？哪裡妄？區別很清楚，這是弄懂奇蹟課程之關鍵。

　　奇蹟課程之寬恕是在我們從未與上主分離之部分而建立，此謂真寬恕？小我，在夢中之人，是不可能知道何謂真寬恕？小我只知道一般意義之寬恕。何謂真寬恕？試道一句來？已悟未悟，失之毫釐、謬以千里，然而未悟之人亦沒離開上主，只是他弄不懂他哪個地方未離開上主？只能說此世界一切是夢。

　　肉眼既不是為了看見而造的，因此絕對看不見，因它所代表的觀念，離不開營造它的人，它的主人就是透過它去看事情的，主人營造它的目的，就是為了不要看見，於是這雙肉眼便成了最佳道具，目的不是為了看見。你看，肉眼是如何倚賴於外形，無法越池一步；你瞧，它是如何駐足於虛無前，無法越過形式去看意義，沒有比著眼於外形的知見更盲目的了，因所見若是形式，就表示人的理解能力已受到了蒙蔽。

　　不要讓你肉眼所見的一切遮蔽了你的慧見，使你看不見他的神聖本質，而那本質會幫你看到你自己的寬恕；不要讓那著眼於弟兄的罪過以及身體的知見，蒙蔽了你對他的覺識。

　　奇蹟課程是文化的精要，這本書真弄懂，生命境界就非常高了，古人有此成就者也不多，我打個比方，古人參禪十年或二十年的人很多，如果奇蹟課程也是同等境界，那麼大家願意花同等時間弄懂嗎？相信有耐性的人不多，但來學的人就要有個了解，奇蹟課程就是談第一義諦的課程，並非是個初級的心靈成長之課程，所以不是我不教，而是大家自以為懂了，小根小器者太多，現在外面讀書會自說自話者也一堆，那麼為什麼我能懂呢？因為猶太人的文化是較靠近東方的，耶穌傳的是東方文化之菁華，奇

蹟課程是禪佛教以及易經形上學之另一種表達方式，是西方文化往圓教方向走的一個發展，也是我研究了二十幾年之重點，所以我才能知道奇蹟課程在講什麼。

在珍妮佛學苑開班的《教導奇蹟課程》的架構為：

1) 談奇蹟課程的主旨與內涵

2) 談兄弟是你的人間救主

3) 談小我、投射與特殊關係

4) 談困境、痛苦、疾病、死亡

5) 談身體、世界與偶像崇拜

6) 談奇蹟課程的實踐要目

7) 談聖靈與慧見

8) 談愛就是放下恐懼

【課程時數】：2小時*8堂課

【小班教學】：8人額滿

【開課日期】：請至珍妮佛學苑http://www.cwc168.idv.tw查閱

【課程費用】：NT$6,000

【上課地點】：珍妮佛學苑教室

【歡迎洽詢】：來信cwc.jkwang@msa.hinet.net主旨註明：《教導奇蹟課程》

王中和老師《易經與心靈成長班》

西方有聖經，中國有易經。自周代以來，易經即被視為群經之首，內容廣博精微，奧妙難解，內容包含玄學宗教哲學軍事天文乃至人事地理……，是成為先知聖人的必讀天書，而參透這部天書即能上知天文，下曉地理，中通人事，直達術數神秘學的根源，甚而參贊天地之化育。

王中和老師本著他十餘年浸淫於東西方術數的學識涵養，舉凡天文曆法，奇門六壬，子平紫微，七政四餘，乃至西洋占星塔羅皆有所體會，並認知到古今中外皆蘊含共通的易經法則，是表現在太極兩儀四象八卦中，而有變易不易簡易的宇宙萬象。因此，為了不惑於變化萬端，森然羅列的人生現象當中，本課程乃以「心靈成長」的角度探討「易經」，藉由「參」透易經，走出人生的一條路，有別於一般外界冗長繁瑣的課程。

易經又被稱為「三聖之學」或「四聖之學」。從伏羲畫卦，文王演卦，周公作辭乃至孔子作十翼。而每個時代的哲人，都憑自己的研究領會作出與之相應的著作：楊雄法易作太玄經、邵康節作皇極經世等等……伏羲為甚麼可以畫出八卦，把這個超越時空的「天授之學」帶到這個世界？就是因為他們都知道自己的「天命」。

老子說：「人法地，地法天，天法道，道法自然」。所謂的「道」及「自然」跟周易裡的「天」是同義詞。易經裡面所載

的就是宇宙，太陽系乃至地球上，我們這個小世界的法則。所以讀了易經，很多人生問題就解決了。古云「易有三義：變易、不易、簡易」，又云「易簡而天下之理得矣」學習周易可以以一個由簡御繁，以不變應萬變的方式去面對人生，解決問題。

第一～第二階段課程內容

第一階段		第二階段	
第一堂課：太極與陰陽的基本觀念		第一堂課：一陰一陽繼善成性	
第二堂課：易經的卦爻與占卜原理		第二堂課：大生廣生易簡至德	
第三堂課：先天八卦與後天八卦圖		第三堂課：天地設位成性存存	
第四堂課：河圖與洛書之說明與生活應用		第四堂課：天下之賾會通典禮	
第五堂課：孔子的讀易心得報告		第五堂課：大衍之數變化之道	
第六堂課：易經繫辭傳的價值		第六堂課：聖人之道三至三唯	
第七堂課：十翼所扮演之功能		第七堂課：開物成務明天察民	
第八堂課：從易經中知天知地了解中華道統		第八堂課：自天佑之神而明之	

其它階段：依實際課表

　　王中和老師簡介：一位「心靈學」和「神秘學」的研究者，也是一位作家，現任「生命之眼」身心靈整合中心執行長，也是國內「新時代運動」推廣者，研究東西方「神秘學」二十餘年，精通易經、風水陰陽宅思想，並對天文曆算、子平、紫微、七政四餘和西洋占星術、塔羅牌、靈數學等作深入之研究。平日喜讀書、搜書，會通儒、釋、道，有志於人天之際，而通變古今。著有《打造生命藍圖》等二十餘本著作。

【上課地點】：台北市珍妮佛學苑教室

【小班教學】：8～12人額滿為止

【開課日期】：請至詳珍妮佛學苑http://www.cwc168.idv.tw查閱

【上課時數】：每一階段2小時*8堂課共16小時

【課程費用】：依珍妮佛學苑http://www.cwc168.idv.tw公告為準

【歡迎洽詢】：來信cwc.jkwang@msa.hinet.net主旨註明：《易經
　　　　　　　與心靈成長班》

珍妮佛學苑塔羅系列課程

　　要學好塔羅，首要掌握塔羅牌的源頭，哈佛大學東方古文明博士白中道老師，是市場上唯一有能力帶領學員進入古文明探索塔羅源頭的最佳塔羅導師，經由白老師解析塔羅源頭→偉特塔羅牌面→古埃及神圖塔羅的銜接與對應詮釋，輔以豐富創意牌陣的演練，你將明白塔羅牌義最初的奧義是什麼，解牌的直覺奧妙在哪裡。

　　整合克勞力、偉特及古埃及神圖塔羅牌牌義的珍妮佛，將以克勞力直覺塔羅大小牌78張，正位與逆位各自如何解析，在牌陣演練中的激發與塔羅的深入對話，進而解惑明事，為珍妮佛《克勞力塔羅班》教導的特色。

　　流行的偉特塔羅大小牌78張，如何應用在生活四大層面—物質、情感、思考、行動，透過創造豐富冥想的引領，是周妍榛老師《偉特塔羅＋創造豐盛冥想》課程的魅力。

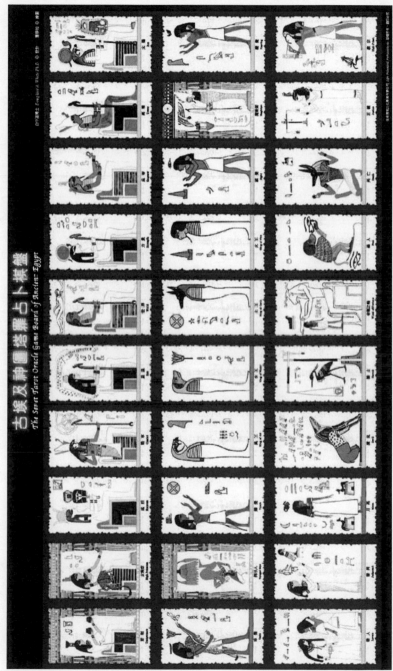

圖片提供：生命潛能文化事業有限公司

體驗古埃及神圖塔羅魅力
盡在白中道博士教導

　　「古埃及人崇敬神，認為神無所不在。人們生活在一個虔誠的時代裡，到處可以聞聽到來自四面八方神明的呼喚。人們把他們的讚頌、憧憬、畏懼、哀怨寄寓於他們所膜拜的神，神永遠與人同在，在天界、冥間、人世間交織出許許多多繪聲繪色、動人心弦的故事。」摘錄自好讀出版、黃晨淳編著的「埃及神話故事」序文。

　　「人類文明每隔12,500年至13,000年左右，會有一個大文明降落在地球，當春分點時的日出地平線與宇宙光子帶呈30度以內的小角度時，就是未來寶瓶時代大文明的開始，而在這新時代曙光來臨時，屬於西元前10,500年的獅子時代的獅身人面像文明之奧密，也將大白於市。在古埃及文明將要發揚光大之時刻，上天已揀選了帶有天命任務者在此時代播下智慧的種籽。」（摘錄自生命潛能出版—古埃及神圖塔羅牌星象家王中和推薦序）

　　白中道老師的星圖—冥王獅子三合火星牡羊，以開路先鋒的原創行動力，將古埃及獅身人面像文明之奧密，以考古的精神挖掘出來與世人共享。珍妮佛深感幸福，有機緣比各位早一步研修《古埃及神圖塔羅牌》，探索古埃及文明與塔羅間的心靈權衡奧義。

親愛的，如果你是那個對古埃及文明有興趣的老靈魂，或聽聞哈佛大學東方古文明博士白中道老師（美國人卻會說一口道地國語、幽默慧詰）的塔羅禪師教導風格有夠讚，歡迎來參加白中道老師把塔羅源頭與古埃及文明連結的《古埃及神圖塔羅課程》初階課程，及神秘學中以精奧口語相傳的卡巴拉教導的進階課程。

A.《古埃及神圖塔羅課程》初階課程內容	B.《古埃及神圖塔羅課程》進階課程內容	C.《古埃及神圖塔羅占卜棋盤研習營》
1) 直探塔羅牌的歷史與淵源、教你玩古埃及神圖板 2) 讓你親自彩繪傳統塔羅牌，帶領你找出偉特等塔羅牌面裡隱藏的古埃及文明線索 3) 22張塔羅大牌的意涵、人物原型、事件徵象 4) 16張宮廷牌的意涵、人物角色、事件徵象 5) 40張小牌的生命歷程、事件取向 6) 各式塔羅牌陣演練與解牌	1) 從卡巴拉生命樹看古埃及神圖塔羅牌 2) 從古文明經典奧義探古埃及神圖塔羅牌 a) 聖經奧義解讀：創世紀、出埃及記 b) 綠石碑文解讀 c) 形成經解讀 3) 教你學會「安哈特心靈功法」來打通身體脈輪，激發你與宇宙意識的直觀連結	以實際牌陣教你演練以古埃及神圖塔羅占卜棋盤問愛情‧事業‧天命‧障礙‧財富等各式人生大哉問或生活特定事件，教你真正會玩古埃及神圖塔羅牌。
開課日期：春、夏、秋、冬各一班	開課日期：進階班上完的次月開課	機動開班，適已上過初階課程者
課程費用：NT$12,000	課程費用：NT$6000	課程費用：NT$6000

白中道老師簡介：

哈佛大學學士畢業、台灣大學修中國文學碩士，曾與南懷謹老師修禪、道、密教及易經、太極拳等，並在台灣開創及傳遞超覺靜坐，1976年以易經論文完成哈佛大學東方語言與文明學之博士學位，1970～80年代在哈佛大學，克拉克大學、與瑪赫西大學授課。個人的著作有：物理禪（觀察物理學）、易經（己易）論、卡巴拉生命樹。三十幾年的心靈成長授課經驗，目前教授的課程有：古埃及神圖塔羅牌、生命能量呼吸法、卡巴拉生命樹、AVATAR阿梵達、易經、超覺靜坐等。

【教學特色】：採小班制8～12人精緻教學。

【上課地點】：台北市珍妮佛學苑教室

【歡迎洽詢】：

　　對白中道老師教導的《古埃及神圖塔羅課程》有興趣者，來信cwc.jkwang@msa.hinet.net註明：《古埃及神圖塔羅課程》

【購書服務】：

　　由生命潛能出版【古埃及神圖塔羅牌】書（書+塔羅牌+占卜棋盤NT$780），全省各大書局及珍妮佛學苑皆有售，也可郵政劃撥購書：戶名【生命潛能文化事業有限公司】劃撥帳號：17073315電話：02-23783399

珍妮佛《克勞力直覺塔羅班》

　　奧修出版社曼格拉著・謙達那譯的《直覺式塔羅牌書》中
說：「危機也是轉機，也是學習的機會，當你從一個更高更遠的
角度來看人生，你就會了解沒有成功，也沒有失敗，一切都是人
生經驗的過程，生命本來就是在兩極之間交互運作前進的。受苦
是因為你不了解，或是你讓錯誤的觀念和習性牽著你走。智慧封
閉的人被命運主宰，豁達的人雖然也有逆境的時候，但是因為他
很豁達，所以環境對他內在的影響不大，就這個意義而言，他是
命運的主宰。」

　　研習占星的珍妮佛，在星圖中看命與運的關聯，惟就特定
事件的疑義，塔羅牌相對是個方便又效率的諮詢工具。因此，跟
隨納蘭真老師研習過克勞力直覺塔羅牌的珍妮佛，逢諮詢當事人
特定的疑惑或重大的決定，除了觀照星圖能量流動趨勢外，輔以
克勞力直覺塔羅牌的運用，是珍妮佛進行諮詢服務的好搭檔。除
此，它也是珍妮佛用來對應日常生活的塔羅導師，每一天早晨或
晚上抽一張牌來叩問今日對應的生活主題與涉入的心理過程，是
珍妮佛直接與克勞力直覺塔羅的溝通交流，在每天生活裡無關抽
出來的牌之好壞，珍妮佛忠實且專注的去體會其中的意涵、蘊含
在牌義理的喻意。

　　克勞力直覺塔羅牌無言的教導勝過千言萬語，在生活中貫串點點滴滴、在心理感受中體會塔羅牌與生活的對應，在這樣的塔羅體驗中，充滿了喜悅與讚嘆，即便是殘酷與驚聳的塔羅牌也能讓我從中思索，在生命之流的每一天、每一個當下，活在覺察裡。

　　珍妮佛的塔羅教學，將整合《克勞力直覺塔羅》、《古埃及神圖塔羅》、《偉特塔羅》菁華，以《克勞力直覺塔羅》為主角，欣賞偉特塔羅牌面，輔以古埃及神圖塔羅占卜棋盤遊戲，帶領有興趣探索塔羅世界的你，掌握基本塔羅學理、開啟看圖靈光閃的直覺解牌能力、學會與塔羅牌對應的問法及整合解牌陣的貫串。

牌義解析	在遊戲中學會塔羅
1) 大牌22張正位與逆位牌義 2) 小牌56張正位與逆位牌義 3) 流行牌陣演練	1) 古埃及神圖塔羅占卜棋盤遊戲 2) 教你如何與塔羅牌對話

【上課地點】：台北市珍妮佛學苑教室【小班教學】：8～12人額
　　　　　　　滿為止

【開課日期】：請至詳珍妮佛學苑http://www.cwc168.idv.tw查閱

【上課時數】：3小時*12堂課

【課程費用】：NT$12,000

【歡迎洽詢】：來信cwc.jkwang@msa.hinet.net主旨註明：《克勞
　　　　　　　力直覺塔羅班》

想讓塔羅成為生活顧問嗎？
想創造豐盛嗎？
來學《偉特塔羅＋創造豐盛冥想》吧！

　　珍妮佛經由占星學的研修，打開了自由意志參與靈魂意識覺醒的通道，生命像向陽的花朵一樣，喜悅的在每一個太陽東升與西沉中閃耀著。在掌握生命劇本的同時，珍妮佛知道宇宙知識何其浩瀚，絕不能自滿於單樣特定工具，於是塔羅成了另一個研修的工具，在塔羅研修的過程與運用裡，塔羅牌成了最佳生活顧問，左看星圖、右瞧塔羅，生活中的好奇或困惑，沮喪或低沉，自可搞定，偶爾找同修解塔羅牌、看星圖，知識交流與經驗分享、專業技能精進與砌蹉，樂趣無窮！

　　研習過《古埃及神圖塔羅》、《克勞力直覺塔羅》的珍妮佛，未曾就《偉特塔羅》的學理真正研修過，秉持著術業有專攻、菁華在個人的學習理念，特別邀請塔羅同好周妍榛老師來開課，除了教導《偉特塔羅》外，更請妍榛把多年研修的歐林之道—創造豐盛冥想的菁華給掏出來，期待經由創造豐盛的冥想，激發學員更好的直觀力與感受力，讓參與學習的學員們，在一次的學習課程裡，學到兩樣好東西，讓課程物超所值、好上加好！

妍榛老師帶領的《偉特塔羅＋創造豐盛冥想》課程特色

偉特塔羅教學内容：	創造豐盛冥想帶領：
1) 大小塔羅78張牌義精解vs生活四大層面—物質、情感、思考、行動 2) 各式牌陣的運用 3) 學員實際牌陣演練	a) 磁化細胞 b) 喚醒你富裕的自我 c) 豐饒之道 d) 成功 e) 清除舊有信念與模式 f) 淨化氣場（身體氛圍Auro）、能量及光的工作 g) 與你的靈魂及指導靈連結 h) 釋放懷疑和恐懼

上課時數：3小時*8堂課／課程費用：NT$8,000
　　　　　上課地點：珍妮佛學苑教室／小班教學：8～12人
開班日期：請至珍妮佛學苑http://www.cwc168.idv.tw查閱
有興趣者：來信cwc.jkwang@msa.hinet.net主旨註明：《偉特塔羅》

周妍榛老師簡介：

　　研習歐林、達本靈修系統，完成開發光體初中高階課程、開發光體教師課程。（教師級）、美國歐林中心研討會、歐林燦爛頻率課程、自我放光課程、H神聖意志１～２階課程、H歐林書籍：創造金錢、喜悅之道、靈魂之愛、靈性成長、個人內在覺醒。

By: Antoinette Moltzan

Author/channel for A Course in Light.

While attending my workshop "Healing Matters of the Heart," Jennifer asked if I would contribute an article for her book entitled Tomorrow will be better."

As the channel and author of A Course in Light I have to say that I am amazed at the wonderful response for all who are students of this spiritual path to enlightenment. In Taiwan especially this study is a wonderful contribution to the development of spiritual matters of one's life. A Course in Light leads the student through a step by step path of working with energy and light for the purpose of healing the body, mind and spirit.

In fact, I would like to comment on what I understand as A Healing Process.

The first step is to healing is *Acceptance*. You can never heal until you accept all situations as they are. In accepting situations as they are doesn't mean it doesn't change or it can't change. It means you accept what is happening is in harmony and balance with the way it' is meant to be. If you are in pain, anger or rage this is a part of the experience and the lesson.

The spiritual principle is to accept what is, is "that all things are in the right place for the right reasons for the experience." *All things come together for good to those who love the Lord (Law)*. The law really is love, as God, as karma or as the law of cause and effect. Therefore, the first step to healing is *accepting*. The highest truth is to accept what is has a purpose. In the acceptance, you begin to feel, know and explore the awareness of the principle of the Divine Law that is really governing the experience.

The 2nd step to *the healing process* is release of the effect, because pain is very real. Whether it is mental, emotional, psychic, or physical, it is real and our body registers all experiences. Pain gets into the cells and all parts of the mental physical and psychic systems. Those can be images, like thought forms, vibrations, and they set into our body. The process is releasing the effect of negative conditions developed through conflict and fear.

Q. How do you do that?

A. With the light in meditation.

Once you accept what is, is, you put your body into a consciousness of tranquility. This is a beginning of accepting that there is Divine Law that will manifest in highest intent. Releasing is working with the light. (A Course in Light) This is where meditation and prayer comes in and this is where your work continues. It is like really directing the light through the body to clear out the *issues in the tissues* that have lodged themselves wherever it is in the body.

The 3rd step to all healing is forgiveness.   Forgiveness is a state of being. It is a place in your mind, heart and soul where you become aware there really is nothing to forgive. It is in this state of mind when you really are in a state of Grace. This is a step in consciousness when you just totally know everything is OK. This is this state of mind in which you can not remember the anger, the rage, and it then becomes an automatic experience of forgiveness. We practice attaining this by our prayers and rituals healing what you go through. Forgiveness is a powerful place to be mentally, physically, emotionally and psychically. When you are there, you know it! It does not have to obtain it, for you have arrived.

The 4th step in A Healing Process is maintaining your spiritual connection and "being in the light," or living in the law of Grace. Healing is not a one-time experience it is a continuous part of your life. A Course in Light supports and assists you in your development and spiritual growth.

安東尼・莫珍

光的課程作者／傳遞者

　　當珍妮佛參加我的工作坊「心靈問題之療癒」時，她問我是否可以為她的新書「明天會更好」提供一篇文章。

　　身為「光的課程」的傳遞者和作者，我必須說，對所有在這條通往開悟的靈性道途上的學生們的熱烈回應，我十分地驚嘆。在台灣，這項研習格外地對個人生命的靈性擴展，有極佳的貢獻。光的課程引導學生，透過循序漸近的光能運作過程，以達到身、心、靈療癒的目的。

　　事實上，我想就我所了解的治癒過程，作一些評註。

治癒的第一階段即是接受。

　　治癒永遠無法達成，直到你能接受所有的情況，就如它們所是的樣子。如情況本然所是的接受它們，並非意味著它不變或無法改變。它意味著你以事物本當所是的方式，在和諧與平衡中，接受正在發生的一切。倘若你在痛苦、氣憤或震怒中，這只是經驗和課程的一部分。

　　靈性的原則即為接受如是，也就是「所有的事物都是為了經驗正確的原因，而處於正確的位置上」。所有事物永遠都是共同來到熱愛上主(法則)的人身邊。真正的法則即是愛，如同上帝，

如同業，或如同因果定律。因此，治癒的第一步是接受。至高真理要我們接受如是有其目的。在接受中，你開始感知、了解並探索著，對於實際上支配經驗的神聖法則之原理的覺察。

治癒過程的第二階段是影響的釋放

因為痛苦是非常真實的。不管它是心智的、情感的、精神的、或身體上的，它都是真實的，而我們的身體記錄著一切的經驗。痛苦穿進了細胞，也穿入心智、身體、和精神體系的所有部分。那些穿入進去的可能是影像，或諸如思想形式、振動，並植入了我們的身體當中。在過程裡釋放因為衝突和恐懼所形成的負面元素的影響。

問題：你如何做到？

回答：在靜心冥想過程中運用光。

一旦你接受生命如是的樣子，就是把身體置入平靜安詳的意識當中。這是接受神聖法則將以至高意願體現的開始。藉由光運作釋放。(光的課程) 這是冥想和禱告進入的地方，也是你的運作持續的地方。它就像真正地引導光穿過身體，以清除不論進駐在身體內任何組織內的問題。

完全治癒的第三階段是寬恕

寬恕是一種存在的狀態。它是在你身、心、靈之內的一個地方，在那裡你明白其實根本沒有什麼是需要寬恕的。當你真的處在神恩中時，即是在這樣的心境中。這是在意識裡，當你完全地

了解一切事物都是好的之時的一個階段。在這樣的心境中，你不會憶起氣憤、震怒，而後它成為一種自動寬恕的經驗。藉著治癒你一切經歷的禱告和儀式，我們實踐這種狀態的達成。在心智上、身體上、情感上和精神上，寬恕都是一個強而有力的所在之處。當你在那裡時，你就會知道！你無須得到它，因為你已經達到。

治癒過程的第四階段是保持你靈性的連結與「在光中」，或活在神恩的法則中。

　　治癒不是單一的一次經驗而已，它是你生命當中持續不斷的一個部分。光的課程在你的擴展和靈性成長上，提供支持與協助。

（本文由光的課程帶領人祝家康老師譯）

神恩

光

「生命必須經由挑戰才能成長，因此它是一種神恩。每一
個呈現在你面前的障礙，都是培養你意志力與耐心的禮物，這些
障礙使你保持一顆不變的接納與誠信的心。它們考驗著你的內在
意識，教導你如何以正面的方式去跨越那道障礙著你、使你無法
實現願望的牆。因此，即使在你的情緒、你的心靈，陷入最低潮
之時，也要這麼想：這是一個正面的挑戰，也是生命給予我的獻
禮，它使我得以在磨練中變得更堅定，更強壯，更能領悟聖愛的
真實涵義。」這是珍妮佛在《光的課程》中感動不已的章節，摘
錄下來與親愛的你共享。

身為一個心靈諮詢工作者，最大的財富在於個人靈性的提
升，最大的自由在於自己決定修持的源泉，最需要的亦是保持知
識與靈性同步的精進。個案付費前來諮詢，尋求的不就是怎樣跨
越當下關卡的知命理解與感性關懷嗎？在占星的領域內，珍妮佛
受益於占星大師王中和及占星哲人韓良露的知識傳承，也印證於
隨緣前來的諮詢個案們，但珍妮佛明白，靈性進展的這部份必須
是自己去打開、去進入的探索路程，就算參加共修會的研習，帶
領者也不過是上師的管道，真正進去與自我靈魂對話、洗滌與提
升靈魂自我的依然是自己，因此，《光的課程》的靜坐冥想成了

諮詢與學習中最為美好的釋放與滋養，個人靈性的進展，正是珍妮佛在諮詢工作裡得以回饋給個案的獻禮。

　　工作之餘，坐在諮詢室裡的珍妮佛，眼睛望過去是一排排漂亮繽紛的Aura-Soma靈性彩油，耳朵聽的是各式靜心的美好音樂，當自己閉起雙眼的進入《光的課程》靜坐冥想次第時，在不同色光的靜坐中修持裡，把光帶給每一個自然浮現於意識層面的人。當那個當年在職場上踐踏珍妮佛到痛苦崩潰邊緣的權威影像出現時，而我竟然也願意把光送給他時，珍妮佛知道在靈魂層面的溝通上，我已經真正的放下過往那段殘害身心的權威創傷，藉由寬恕了他，也釋放了自己內在對他的憎恨；更有趣的是有些個案的臉孔會像精靈一樣的出現在珍妮佛冥想意識裡，一個個像波浪一樣的旋轉著，珍妮佛一一把光送出去給這些浮現的個案。

　　隨著行運木星天蠍合相珍妮佛本命海王天蠍，《光的課程》自然的進入珍妮佛的生命，光啟動與擴大了珍妮佛個人星圖上海王星深邃幽微的靈性能量，得以在意識層面上階梯式的跳躍到宇宙意識裡，珍妮佛知道這將是一條漫長的靈性修持路程，現在只是個起點。感謝神恩讓我沐浴在光中，享受光所為我帶來的靜心與意識更新。

　　親愛的，如果你也想要在家靈性修持，享受光的靜心奧妙，何不與珍妮佛一樣來個《光的課程》靜坐冥想呢？想對《光的課程》有進一步的了解，可上網http://www.courseinlight.org查閱喔！想參加光的課程共修者，請來信cwc.jkwang@msa.hinet.net，主旨註明：《光的課程》。

光的課程

Michelle老師、家康老師、家齊老師帶領你
進入靈性修持

　　佛法說：「萬法唯心造」賽斯說：「你創造了你生活實相的總合」光的課程說：「能量跟隨思想，思想導引並放大能量。」

　　上占星高階課程的靈修占星學，韓良露老師說：「靈魂都知道我們此生應該做什麼？只是肉身的我們太過於忙碌追求外在的一切，而讓靈魂受到經常被干擾的混亂狀態，只有當我們懂得經由靜心、歸於中心、冥想、放空的安靜下來，才能調整心念的頻率到與靈魂的頻率接軌，得以成為一個較好的人，過著較清明的人生。」聽這段話時，珍妮佛想著：「這不就光的課程習修寫照嗎？」

　　帶領《光的課程》Michelle老師寫著：「《光的課程》是一個靜心冥想的系列課程，其中包含了許多訊息，這些訊息完全是幫助人類了解、提升與轉化自己而傳遞的。本課程藉由一個信念：「思想導引能量，能量跟隨思想。」學習加強思想的能量，從而延伸，創造夢想成真。當習修者有意識的配合光的能量運用它時，便能獲得身心的轉化。隨著每星期在光中的運作，以及持之以恆的靜坐之後，你會發現自己

內在的改變。這一系列的光能引導，能讓習修者觀察自己與環境的互動，深刻的認知到造成混亂或不安的真正原因，進而調整自己的信念與思想，擴展自己的經驗層次，激發生活的創意，協助我們在意識上和諧平衡的整合，創造一個更開放、更自在的心靈空間，進而可以自由的表達愛、光明與喜悅，並為地球、國家與社區服務。

家齊老師分享：「光的課程並不是教你沉醉在冥想時的美好想像，而是著重在日常生活中覺察與落實，允許我們在習修時所呈現的各種負面狀態，它不會以戒律來評量優劣、也不是用教條來說服你去信仰什麼。如果你曾遊走於各派學說或宗教，卻仍不能找到「回家的路」，或者你懶得研究深奧的哲理，那麼《光的課程》便是你可以跨足的途徑。」

《光的課程》中文版譯者杜恆芬老師序文寫著：

《光的課程》是一個靜心冥想的系列課程，其中包含了許多訊息，這些訊息全是為了幫助人類了解、提升與轉化自己而傳遞的。當你有意識地配合光的能量運用它時，便能獲得身心的轉化。隨著每星期在光中的運作，以持之以恒的靜坐之後，你會發現自己內在的改變，你更會發現自己的心靈受到觸動。經過一段時間的學習與實踐之後，許多人已成為光的實踐者，並且成為這一途徑的教師。

　　課程中所運作的光，不是指那象徵著明心見性的光，它指的是那形成我們靈魂存在的、具有實體的、實質存在的光。具體的說，我們就是光。愛因斯坦在解釋E=MC2時，便說明了當光的頻率降低到一定程度時便會形成物質體。更玄秘的是，環繞在我們物質體周圍的光環是一種由智能所形成的磁力磁場。

　　親愛的，珍妮佛說：「想讓自己在紅塵俗世中，活出物質與精神的整合，讓和諧的身心靈創造出豐盛的生命、圓滿的人生，來參加《光的課程》吧！」

珍妮佛學苑已開班別

Michelle老師帶領	祝家康老師帶領	祝家齊老師帶領
第二級次 週六晚07:00～10:00	第一級次 週二早09:50～11:50 週二晚07:00～09:30	第一級次 週四午：14:30～16:30 週四晚：07:00～09:30

共修人數：12人以下

上課地點：珍妮佛學苑教室

共修費用：第一級次NT$4,800（12堂課）

【歡迎洽詢】：來信：cwc.jkwang@msa.hinet.net主旨註明：《光的課程》

【新開班別】：請查閱http://www.cwc168.idv.tw《光的課程》。

《歐林開啟光體》課程簡介

若問光體是什麼？

Orin&Daben說：

「對於光體的開啟而言，那是聽見且回應內在的呼喚，並預備好踏上一段美妙的靈性成長旅程。Orin和DaBen明白你對堅持你的靈性道途、世界服務以及成為光之源的承諾。如果你要求，並開放去接受，Orin和DaBen將會傳送特別的能量給你，並幫助你開啟光體。當你調和振動能量體並在光體中心開啟時綻放光芒，從高次元看，你將更為清晰可見。Orin和DaBen告訴我們，當學習這門課程時，他們將為你維持一個額外的光的焦點來協助你的學習。你將是把這知識和光，以更大的方式，帶到這個世界的人，當你散發更大的光時，會對全人類做出貢獻。」

若問為什麼要開啟光體？

Orin和DaBen說：「當你的光體開啟，你將從內在發出一個高的振動頻率的調子，它將改變你的生活並對周圍的世界產生正面的影響。當你能夠散發更多的光，你將吸引機會，為這個世界帶來改變。當你的光體逐漸開啟，你對自己靈性成長、開悟與更大的世界服務的道路會更有覺知。」

　　開啟光體幫助你清楚自己到這個世界來做什麼，它揭開那層薄紗讓你能夠更明白自己的人生目的，知道自己是誰。如果你正在教學或和別人一起工作，你可以利用它來幫助你的工作產生更深遠的影響力，同時讓你能吸引更多的客戶和學生。開啟光體能在你的個人關係上創造巨大的變化。當你的能量變得更高、更美麗、更閃耀，在你周圍的人開始以更高、更有愛心的方式回應你，甚至不需要你試圖改變他們。你的心將開放，而你會了解什麼叫做如同大我的愛。如果孩子出現在你周圍，這些能量將幫助他們獲得更大的平靜與專注。

　　當你的能量協調，你會更容易選擇活在更高的能量流中。在這能量中，你能在最適當的時間，出現在最適當的地方，並且發現事情輕鬆愉快地發生。當你協調你的能量體，你能夠自然吸引對你更大的好處，而發現許多事在你需要它們的時候自然來到。你將被挑戰的是允許自己感受多大的美好和接納多大的豐盛。

帶領歐林開啓光體的周妍榛老師分享：

　　由來自宇宙的高靈，歐林和達本所傳下來的訊息，充滿了靈性的智慧及生命的真理，賽斯說：「你創造你的實相」；歐林乃教導創造實相所運用的技巧；二者相輔成，為新時代的我們實踐人生的使命。

　　在人生最灰暗的時候接觸了歐林，那時面對婚姻的背叛及財務的窘困，最後以離婚收場，帶著二個孩子，背負債

務，又面臨雙親的不諒解，感覺幾乎生命走到盡頭時，這時歐林召喚了我，在每一次靜坐與冥想中，都感受到祂無條件的愛，經由半年課程的洗禮，生命得以脫胎換骨的重生，伴隨著身體的能量提升後，長年苦不堪言的鼻竇炎竟然不藥而癒，職場的工作也愈來愈順利，人際關係也更加擴展了，雙親也再度展開雙臂歡迎我回家，一切來得那麼輕鬆容易，想要的似乎自然的就到眼前。

正如歐林的訊息：『開啟光體能在你的個人關係上創造巨大的變化。當你的能量變得更高、更美麗、更閃耀，在你周圍的人開始以更高、更有愛心的方式回應你，你的心將開放，而你會了解什麼叫做如同「大我的愛」』。

另外，我的潛能被開啟了，歐林的功法讓我在侷限的空間裡創造出無限的豐盛，確切的走在靈魂使命的道途上，宇宙是善意的，所給的永遠都是最好的。現在的我反而感激前夫，若不是他所帶來的婚姻功課，我將永遠活在世俗柴米油鹽的綑綁裡，為了生活只能做些自己不那喜歡的工作，現在的我更有自信，擁有一個更棒的新家庭，在伴侶的尊重與支持下，讓我有更多的時間去服務更多的人們，讓愛流動在生活裡。

光體課程內容

初階課程	中階課程	高階課程
建立你的能量基礎，啓動低層三個能量中心，轉化次人格體、回溯內在小孩、去除舊有的信念架構、釋放負面情緒以及造訪靈性導師殿堂。	啓動心輪以及高層能量中心，開發直覺力、洞察力、寬恕的真義、回歸人生使命道途、發散無條件的愛的頻率。	開發三個光體，走在人生使命的道途上、以能量來看待所有的人、事、物，更加的擴展能量場，連結內在靈魂、進入大師的殿堂。
光體初階課程：共八堂	光體中階課程：共八堂	光體高階課程：共八堂

　　經由能量導引人周妍榛老師教導達本的功法，啓動七個能量中心和三個光體，再配合歐林冥想，探索生命的本質與此生的使命。

1) 你可以學會去認出你下意識所選擇的能量，你有能力治療在任何時候你所注意到的負面能量，幫助人們開展，增加你周圍正向的能量，並且改變你個人人際關係的本質。

2) 你可以發展智慧、釋放痛苦以及戰勝負面能量，當你開始感知並理解這些宇宙精細微妙又看不見的能量時，你將會發展出辨識讓哪些能量成為你的部分，而讓哪些離開的技巧。

3) 你可以藉由開發光體的過程中，覺察到隱藏在細胞記憶中的負面能量，深邃的情緒累積源頭、靈魂累世而來的業力，這些都可用光體的能量來轉化，來自歐林和達本的宇宙精細能量穿越身體的各個能量中心，提昇並擴展我的所

是，使身心靈由淨化而完成進化，讓我們隨時都活在靈性的光和愛中，即使生命陷落的一刻，仍能看見宇宙為一的無條件大愛的本質。

周妍榛老師簡介：

研習歐林、達本靈修系統，完成開發光體初中高階課程、開發光體教師課程。（教師級）、美國歐林中心研討會、歐林燦爛頻率課程、自我放光課程、H神聖意志1～2階課程、H歐林書籍：創造金錢、喜悅之道、靈魂之愛、靈性成長、個人內在覺醒。

【上課地點】：台北市珍妮佛學苑教室【小班教學】：8～12人額滿為止
【開課日期】：請至詳珍妮佛學苑http://www.cwc168.idv.tw查閱
【上課時數】：3小時*8堂課*3期
【課程費用】：NT$30,000，可分六個月繳款。
【歡迎洽詢】：來信cwc.jkwang@msa.hinet.net主旨註明：《歐林開啟光體》

國家圖書館出版品預行編目

明天會更好：珍妮佛心靈諮詢個案分享(一)，
　　占星.塔羅.Aura-Soma / 珍妮佛著. -- 一版.
　　-- 臺北市：秀威資訊科技, 2006[民95]
　　面；　公分. -- (哲學宗教類；PA0016)

　　ISBN 978-986-6909-22-1(平裝)

　　1. 占星術　2. 占卜

292.22　　　　　　　　　　　　　　95024340

 哲學宗教類　　PA0016

明天會更好──珍妮佛心靈諮詢個案分享 (一)
占星・塔羅・Aura-Soma

作　　者 / 珍妮佛
發 行 人 / 宋政坤
執行編輯 / 林世玲
圖文排版 / 張慧雯
封面設計 / 李孟瑾
數位轉譯 / 徐真玉　沈裕閔
銷售發行 / 林怡君
網路服務 / 徐國晉
出版印製 / 秀威資訊科技股份有限公司
　　　　　台北市內湖區瑞光路583巷25號1樓
　　　　　電話：02-2657-9211　　傳真：02-2657-9106
　　　　　E-mail：service@showwe.com.tw
經 銷 商 / 紅螞蟻圖書有限公司
　　　　　台北市內湖區舊宗路二段121巷28、32號4樓
　　　　　電話：02-2795-3656　　傳真：02-2795-4100
　　　　　http://www.e-redant.com

2006 年 12 月　BOD 一版
2007 年　1 月　BOD 二版
定價：280元

讀　者　回　函　卡

感謝您購買本書，為提升服務品質，煩請填寫以下問卷，收到您的寶貴意見後，我們會仔細收藏記錄並回贈紀念品，謝謝！

1.您購買的書名：＿＿＿＿＿＿＿＿＿＿＿＿＿＿＿＿＿

2.您從何得知本書的消息？

　　□網路書店　　□部落格　　□資料庫搜尋　　□書訊　　□電子報　　□書店

　　□平面媒體　　□ 朋友推薦　　□網站推薦　□其他＿＿＿＿＿＿

3.您對本書的評價：(請填代號　1.非常滿意 2.滿意 3.尚可 4.再改進)

　　封面設計＿＿＿　版面編排＿＿＿　內容＿＿＿　文/譯筆＿＿＿　價格＿＿＿

4.讀完書後您覺得：

　　□很有收獲　　□有收獲　　□收獲不多　　□沒收獲

5.您會推薦本書給朋友嗎？

　　□會　□不會，為什麼？＿＿＿＿＿＿＿＿＿＿＿＿＿＿＿＿＿

6.其他寶貴的意見：＿＿＿＿＿＿＿＿＿＿＿＿＿＿＿＿＿＿

＿＿＿＿＿＿＿＿＿＿＿＿＿＿＿＿＿＿＿＿＿＿＿＿＿＿

＿＿＿＿＿＿＿＿＿＿＿＿＿＿＿＿＿＿＿＿＿＿＿＿＿＿

＿＿＿＿＿＿＿＿＿＿＿＿＿＿＿＿＿＿＿＿＿＿＿＿＿＿

讀者基本資料

姓名：＿＿＿＿＿＿＿＿＿　年齡：＿＿＿＿　性別：□女 □男

聯絡電話：＿＿＿＿＿＿＿　E-mail：＿＿＿＿＿＿＿＿

地址：＿＿＿＿＿＿＿＿＿＿＿＿＿＿＿＿＿＿＿＿＿＿

學歷：□高中(含)以下　　□高中　　□專科學校　　□大學

　　　□研究所(含)以上 □其他＿＿＿＿＿＿＿＿

職業：□製造業 □金融業 □資訊業 □軍警 □傳播業 □自由業

　　　□服務業 □公務員 □教職　□學生 □其他＿＿＿＿＿

To：114

台北市內湖區瑞光路 583 巷 25 號 1 樓

秀威資訊科技股份有限公司　　　收

寄件人姓名：

寄件人地址：□□□

(請沿線對摺寄回,謝謝!)

秀威與 BOD

BOD（Books On Demand）是數位出版的大趨勢,秀威資訊率先運用 POD 數位印刷設備來生產書籍,並提供作者全程數位出版服務,致使書籍產銷零庫存,知識傳承不絕版,目前已開闢以下書系:

一、BOD 學術著作—專業論述的閱讀延伸
二、BOD 個人著作—分享生命的心路歷程
三、BOD 旅遊著作—個人深度旅遊文學創作
四、BOD 大陸學者—大陸專業學者學術出版
五、POD 獨家經銷—數位產製的代發行書籍

BOD 秀威網路書店：www.showwe.com.tw
政府出版品網路書店：www.govbooks.com.tw

永不絕版的故事‧自己寫‧永不休止的音符‧自己唱